Hans-Georg Willmann

Das Holiday-Prinzip

Hans-Georg Willmann

Das Holiday-Prinzip

Eine Reise zu deinen persönlichen Zielen

GABAL

Externe Links wurden bis zum Zeitpunkt der Drucklegung des Buches geprüft. Auf etwaige Änderungen zu einem späteren Zeitpunkt hat der Verlag keinen Einfluss. Eine Haftung des Verlags ist daher ausgeschlossen.

Bibliografische Information der Deutschen Nationalbibliothek

Die Deutsche Nationalbibliothek verzeichnet diese Publikation in der Deutschen Nationalbibliografie; detaillierte bibliografische Daten sind im Internet über http://dnb.d-nb.de abrufbar.

ISBN: 978-3-96739-039-1

Lektorat: Ulrike Hollmann
Umschlaggestaltung: SCOPE we think design | Insa González | www.scope-ff.com
Autorenfoto: Ray Todd
Satz und Layout: Lohse Design, Heppenheim | www.lohse-design.de
Druck und Bindung: Salzland Druck, Staßfurt

Wir drucken in Deutschland.

www.gabal-verlag.de
www.gabal-magazin.de
www.facebook.com/Gabalbuecher
www.twitter.com/gabalbuecher
www.instagram.com/gabalbuecher

PEFC
PEFC/04-31-2251

PEFC zertifiziert
Dieses Produkt stammt aus nachhaltig bewirtschafteten Wäldern und kontrollierten Quellen.

www.pefc.de

Inhalt

Wie viel Urlaub steckt in deinen Zielen?

Ich lebe seit 2016 in Australien. Hier gilt das Prinzip der *mateship*. *Mateship* ist eine australische Wortprägung, die Gleichheit, Loyalität und Freundschaft untereinander bedeutet. Jeder wird respektiert, ganz gleich, woher er kommt und was er macht. Man duzt sich und ich habe für das Holiday-Prinzip auch die Du-Form gewählt. Ich wünsche dir viel Spaß unterwegs.

Hans-Georg Willmann

Cairns, Australien, im Januar 2021

Einleitung

Danke, dass du mit mir auf Reisen kommst. Ich hoffe, dass dich die Orte, die wir unterwegs erkunden, ebenso begeistern, wie sie mich und viele andere jeden Tag wieder begeistern. Tatsächlich hoffe ich sogar, dass sich dein Leben durch die Willenskraftreise für immer verändert.

Es gibt nie genug Zeit, um alle unsere Ziele erreichen zu können. Die Welt ist zu groß und bunt und interessant, um all das zu schaffen, was wir uns vornehmen. Du versuchst vielleicht seit einigen Wochen einen Lernplan oder ein Hobby zu verfolgen, gesünder zu essen, dich mehr zu bewegen, morgens früher aufzustehen oder einen neuen Job zu finden – und du willst deine Pläne umsetzen, sobald du alle anderen Verpflichtungen des Alltags erledigt hast. Tatsächlich funktioniert das aber nicht. Du wirst nie alles erledigen können. Deshalb wirst du nie dazu kommen, das zu machen, was du dir schon so lange vornimmst. Selbst mit noch mehr Disziplin und härterer Arbeit schaffst du das nicht. Der einzige Schlüssel, um Ziele leichter zu erreichen, ist der bewusste Umgang mit deiner Willenskraft.

Diese Erkenntnis ist die Grundlage für das vorliegende Buch. Auf der Reise zeige ich dir, dass du die Fähigkeit bereits besitzt und schon nutzt, wenn es um deinen Urlaub geht. Überlege nur einmal, wie es dir gelingt, deine Urlaubsziele zu verwirklichen, obwohl du im Berufs- und Familienalltag eigentlich überhaupt keine Zeit und Energie übrig hast, noch irgendetwas zusätzlich zu machen. Hinter diesem Phänomen steckt ein einfaches Prinzip. Ich nenne es das Holiday-Prinzip. Und das funktioniert so:

1 Du freust dich auf deinen Urlaub.

Dein Urlaub gehört dir. Dein Reiseziel ist deine eigene Idee. Die eigenen Ideen umzusetzen macht Spaß, weil du das machst, was du selbst willst. Du wählst das Ziel passend zu deinen Vorstellungen, Bedürfnissen und Möglichkeiten aus. Du bist motiviert, in deinen Urlaub zu gehen.

2 Du konzentrierst dich auf deinen Urlaub.

Dein Urlaubsziel hat die Kraft, deine Aufmerksamkeit auf sich zu ziehen. Es macht dir Spaß, an den Urlaub zu denken, Fotos anzuschauen und etwas über das Reiseziel zu lesen. Du beschäftigst dich automatisch mit ihm und mit allem, was du dafür tun kannst, weil du den Urlaub wirklich willst. Du bist auf deinen Urlaub fokussiert.

3 Du planst für deinen Urlaub.
Deine Urlaubszeit ist begrenzt und damit wertvoll. Du überlegst ganz genau, wann du abfliegst, wie lange du unterwegs bist und wie du die einzelnen Urlaubstage nutzt, weil du das meiste aus deinem Urlaub herausholen willst. Du bist planvoll, wenn es um deinen Urlaub geht.

4 Du vertraust auf deinen Urlaub.
Du glaubst an dich selbst und daran, dass du deinen Urlaub realisierst, auch wenn er erst in einigen Monaten stattfindet. Du vertraust dir und darauf, dass die Urlaubsbelohnung sicher kommt, deshalb kannst du warten und dich dafür anstrengen. Bei deinem Urlaub bist du zuversichtlich.

5 Du lernst von deinem Urlaub.
Du tauschst dich mit deinen Freunden vor, während und nach dem Urlaub aus und überlegst, was du wie machst, damit dein (nächster) Urlaub bestimmt der schönste Urlaub aller Zeiten wird. Du bist lernfähig, wenn du deine Urlaubsziele verwirklichst.

Die gute Nachricht ist: Du kannst alle deine Ziele so leicht umsetzen wie deinen Urlaub. Das Holiday-Prinzip ist auf alle deine Lebensziele übertragbar. Die Kraft des Prinzips liegt in seiner Einfachheit. Der Kern besteht aus fünf Fähigkeiten, die du schon beherrschst und nutzt, um deine Urlaubsziele zu verwirklichen: Du kannst dich *freuen* und *konzentrieren*, du kannst *planen* und dir selbst *vertrauen* und du kannst *lernen*.

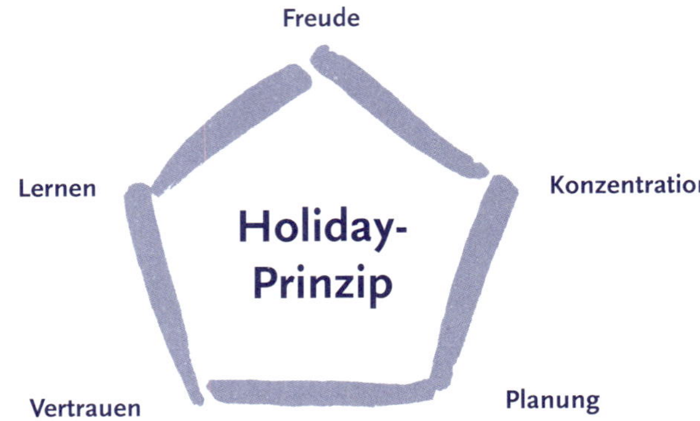

Das *Holiday-Prinzip* © Hans-Georg Willmann

Diese fünf Fähigkeiten bilden deine Willenskraft. Der bewusste Umgang damit ist der Schlüssel, um mehr deiner Ziele leichter zu erreichen. Bei deinen Urlaubszielen machst du das. Deshalb entwickelst du dafür viel Willensenergie, und es gelingt dir leicht, auf den Urlaub zu sparen, dafür auf Freizeit zu verzichten und dich jetzt anzustrengen, um später die schönste Zeit des Jahres zu haben.

Mache bei jedem deiner Ziele, ob bei der Arbeit, in der Familie oder in der Freizeit, einfach genau das Gleiche wie bei jedem deiner Urlaube:

1 **Wähle dein Ziel mit Lust aus und freue dich darauf.**

2 **Konzentriere dich auf ein Ziel und beschäftige dich damit.**

3 **Plane vorausschauend für dein Ziel.**

4 **Vertraue dir und darauf, dass du dein Ziel erreichst.**

5 **Lerne aus der Erfahrung früherer Zielumsetzungen.**

In diesem Buch beschreibe ich einen Weg, auf dem es dir leichter gelingt, deine fünf Willenskraftfähigkeiten bewusst zu nutzen. Die Methoden, Techniken und Strategien dazu sind praktikabel, bewährt und wirkungsvoll. Jede einzelne Strategie ist für sich allein genommen schon so wirksam, dass sie die Zielerreichung beschleunigt und erleichtert. Alle Tipps sind wissenschaftlich erforscht und bewiesen. Die psychologischen Hintergründe habe ich kompakt zusammengefasst. Wenn du in die psychologischen Zusammenhänge abtauchen willst, findest du im Literaturverzeichnis spannende *Literatur* dazu. In diesem Buch geht es darum, aktiv zu werden, die Tipps praktisch umzusetzen und auszuprobieren, was für dich funktioniert.

Im ersten Teil dieses Buches erkundest du die fünf Säulen deiner Willenskraft: die fünf Fähigkeiten, dich auf ein Ziel zu *freuen*, dich darauf zu *konzentrieren*, dafür zu *planen*, dir selbst zu *vertrauen* und von deinen Erfahrungen zu *lernen*. Dein positives Urlaubsgefühl spielt dabei eine zentrale Rolle. Egal, welches Ziel du erreichen willst – ziehe dir dafür deine Urlaubsbrille auf. Wenn du an deine Ziele für dieses Jahr denkst, entwickle ein ebenso positives Gefühl, als wenn du an deinen Urlaub denken würdest. Mit dem Holiday-Check findest du heraus, wie gut dir das im Alltag bereits gelingt.

Im Kapitel *Der Holiday-Impuls* schaust du hinter eines der größten Erfolgsgeheimnisse der Menschheit und erfährst, warum du eigentlich schon lange ein Experte darin bist, deine Ziele zu verwirklichen.

Im zweiten Teil des Buches, *Die Holiday-Strategien,* erkundest du zwölf einfache und wirksame Strategien, die dir in allen Lebenslagen helfen werden, mehr Ziele leichter zu erreichen – ob bei der Arbeit, in der Familie oder in der Freizeit. Jede einzelne Strategie konsequent eingesetzt ist für sich allein genommen so wirksam, dass du damit beruflich schneller vorankommst und gleichzeitig dein Privatleben bereicherst.

Im dritten Teil des Buches, *Die Holiday-Praxis,* erkundest du wirksame Umsetzungstipps, um die Strategien, Techniken und Methoden einfach in deinen Alltag einzubauen. Damit entwickelst du deine eigenen Zielumsetzungsroutinen, mit denen »Ziele verwirklichen« ein Teil deiner Alltagspraxis wird. Zum Abschluss bekommst du noch einmal alle Holiday-Tipps auf einen Blick.

Du kannst das Buch lesen wie einen Reiseführer. Du musst die Kapitel nicht in einer bestimmten Reihenfolge bearbeiten. Jedes einzelne Kapitel hat die Kraft, dich weiterzubringen, jeder einzelne Tipp ist wirksam, um mehr deiner Ziele leichter zu erreichen. Nur einen, den wichtigsten Tipp, um das Holiday-Prinzip in deine Alltagspraxis umzusetzen, solltest du auf deiner gesamten Willenskraftreise beherzigen: Stoppe von Zeit zu Zeit deinen Alltags-Autopiloten. Was das bedeutet, erfährst du jetzt:

Wenn es dir so geht wie den meisten Menschen, dann weißt du bereits vieles darüber, was du alles tun oder lassen solltest, um mehr deiner Ziele leichter zu realisieren. Doch Wissen allein reicht nicht aus, um es auch tatsächlich zu tun. Wie schaffst du es, im unaufhörlichen Fluss der Alltagspflichten innezuhalten, um über dich und deine Ziele nachzudenken und etwas zu verändern? Tagein, tagaus gehst du zur Arbeit, erledigst deine Aufgaben, führst den Haushalt, machst Besorgungen und kümmerst dich um andere alltägliche Dinge. Dabei denkst du meist gar nicht mehr über das nach, was du tust. Dein Autopilot steuert dich auf den unsichtbaren Schienen deiner Gewohnheiten durch den Alltag.

Um deine Ziele und Träume zu verwirklichen und nicht nur im Hamsterrad des Alltags zu funktionieren, musst du den Autopiloten ab und an ausschalten. Dafür brauchst du einen starken Reiz. Dein Urlaub ist so ein starker Reiz. Urlaub schafft es, die Alltagsroutine zu unterbrechen und den Autopiloten auszuschalten. Aber du kannst ja nicht jedes Mal Urlaub machen, um den Alltags-Autopiloten zu stoppen. Das musst du auch nicht. Eine fundamentale Erkenntnis der Hirnforschung hilft dir dabei, den Urlaub in den Alltag und mehr Urlaubsleichtigkeit in deine Zielverwirklichung zu bringen. Mehr dazu erfährst du jetzt am ersten Info-Point.

Der Alltags-Autopilot

Unser Gehirn ist phänomenal leistungsfähig und unsere Fähigkeit zu denken ist enorm. Aber nachzudenken strengt wahnsinnig an, besonders wenn wir über uns selbst nachdenken. Das Hirn ist ein regelrechter Energiefresser. Obwohl es nur rund zwei Prozent des Körpergewichts ausmacht, ist es für 20 Prozent des gesamten Energieverbrauchs verantwortlich. Da wir evolutionsbiologisch darauf programmiert sind, Kraft für Gefahrensituationen zu sparen, versucht das Gehirn, so oft es kann, den Autopiloten einzuschalten, das heißt uns das, was wir tun, ohne denken tun zu lassen. Das spart Energie. »Bloß nicht nachdenken«, lautet die Devise. Deshalb läuft im Alltag 90 Prozent dessen, was du fühlst, denkst und tust, automatisch ab – ohne zu denken. Zum Beispiel Auto fahren, Zähne putzen, Kaffee kochen,

E-Mails beantworten, Smartphone checken, Süßigkeiten snacken etc. Der Autopilot ist hilfreich, um den Alltag zu meistern, aber oft auch hinderlich, wenn du nicht nur alltägliche Ziele erreichen möchtest, weil du im Alltag aus Gewohnheit automatisch vieles tust, was deinen Zielen im Wege steht. Zum Beispiel zu oft und zu viele Süßigkeiten snacken, zu oft das Smartphone checken, zu viele E-Mails beantworten etc.

Du musst den Alltags-Autopiloten ausschalten, um bewusst über dich, deine Ziele und das nachzudenken, was du für sie tun willst. Das ist der Schlüssel, um mehr Urlaubsleichtigkeit in alle deine Ziele zu bringen und dir dein Leben leichter zu machen. Doch das ist erst einmal nicht einfach. Dafür brauchst du ein superstarkes Signal, das dich darauf aufmerksam macht, den Autopiloten zu stoppen. Erst dann kannst du eine Selbstbeobachtungsposition beziehen und das Steuer bewusst selbst in die Hand nehmen. Die erste Frage lautet deshalb: Welches superstarke Stopp-Signal kann dich in den entscheidenden Momenten im Alltag aus deiner Alltagsroutine herausreißen?

Finde ein superstarkes Stopp-Signal, einen Reiz, der dich darauf aufmerksam macht, deinen Autopiloten auszuschalten. Zum Beispiel einen emotional bedeutungsvollen Signalton deines Smartphones, ein starkes Urlaubsfoto als Bildschirmschoner, ein »verrücktes« Symbol als Schlüsselanhänger etc. Deiner Kreativität sind keine Grenzen gesetzt. Jedes starke und emotional bedeutsame Geräusch, jedes Bild oder Symbol, jeder Geruch oder Geschmack kann dich darauf aufmerksam machen, kurz innezuhalten und deinen Autopiloten auszuschalten.

Wichtig dabei sind zwei Dinge. Erstens: Dein Stopp-Signal sollte in den entscheidenden Momenten des Alltags automatisch ausgelöst werden, ohne dass du dich zuvor aktiv daran erinnern musst. Zum Beispiel kann dich ein vorprogrammierter Signalton deines Smartphones in der Mittagspause darauf aufmerksam machen, dass du deine Alltagsroutine unterbrechen und 15 Minuten spazieren gehen könntest, statt aus Gewohnheit E-Mails zu bearbeiten. Oder ein starkes Foto auf dem Nachttisch könnte dich abends vor dem Einschlafen darauf aufmerksam machen, den Tag zu betrachten und zu schauen, was du heute für dich und dein Ziel getan hast, statt zum dritten Mal die Nachrichten zu checken. Zweitens: Dein Stopp-Signal muss für dich eine Bedeutung haben, wie zum Beispiel ein emotionaler Song aus deiner Jugend, mit dem du dich morgens wecken lässt, und der dich an das erinnert, wofür du im Leben dankbar bist und worauf du dich heute freust.

Überlege einmal, wann im Tagesverlauf deine kritischen Momente liegen, in denen es günstig wäre, den Autopiloten auszuschalten, um stattdessen bewusst statt unbewusst zu handeln. Entscheidende Momente sind besonders die Augenblicke im Tagesverlauf, in denen du, ohne nachzudenken, routiniert, aus Gewohnheit handelst. Wie zum Beispiel der Moment, in dem du in die Küche gehst und ohne nachzudenken die (An-)Gewohnheit »Kühlschrank auf, Schokolade in den Mund« abläuft. Der Moment, in dem du ins Wohnzimmer gehst und automatisch die Routine »auf die Couch und Fernseher an« ihren Lauf nimmt. Der Moment während der Arbeit, wenn du dich an den Schreibtisch setzt und als Erstes wie ferngesteuert ein wenig im Internet surfst. In diesen Momenten kann dich dein superstarkes Stopp-Signal darauf aufmerksam machen, deinen Autopiloten auszuschalten, um bewusst zu handeln.

Wo und wie kannst du in solchen Momenten deine Stopp-Signale einbauen? Pinne dir zum Beispiel ein besonderes Bild oder einen Kühlschrankmagneten an deine Kühlschranktür, um jedes Mal, wenn du die Kühlschranktür öffnest, darauf aufmerksam zu werden, Obst zu essen, statt routiniert zur Schokolade zu greifen. Oder lade dir ein wunderschönes Urlaubsfoto als Bildschirmschoner auf deinen Rechner, das dich darauf aufmerksam macht, deine Aufgaben zu erledigen, statt automatisch im Internet zu surfen. Oder kaufe dir eine neue Zimmerbeleuchtung, die dich morgens beim Aufwachen darauf aufmerksam macht, dich ein wenig zu bewegen, statt wie gewohnt gleich das Smartphone zu checken.

Achte darauf, dass dich dein Stopp-Signal wirklich aus deiner Alltagsroutine herausreißt, und variiere die Reize von Zeit zu Zeit, damit sie ihre Kraft behalten. Wenn der Autopilot ausgeschaltet ist, kannst du ein wenig Urlaub in deinen Alltag und mehr Urlaubsleichtigkeit in die Verwirklichung deiner Ziele bringen. Gönne dir dazu immer wieder eine Atempause. Reise in deiner Vorstellung an einen schönen Ort und mache ihn dir zu deiner Denkinsel.

Schließe die Augen. Stell dir vor, du bist an deinem Lieblingsurlaubsort. Fühle, wie deine Fußsohlen fest auf dem Boden stehen. Atme ruhig und tief ein und aus. Denke an dein Ziel und beantworte dir drei Fragen: Wo bin ich? Was mache ich? Wie geht es mir gerade?

Schreibe dir die Gedanken zu deinen Zielen auf. Nutze dafür ein kleines und für dich wertvolles Notizbuch. Albert Einstein, Ernest Hemingway, Vincent van Gogh und Pablo Picasso, Ingenieure, Unternehmer, Köche und Architekten – alle erfolgreichen Menschen durch alle Jahrhunderte hindurch nutzen ihr Skizzen- oder Notizbuch, um Gedanken, Impulse und Ideen zu ihren Zielen aufzuschreiben.

Denke immer auf Papier. Schreibe deine Ziele, Pläne und Gedanken auf. Schreiben strukturiert Denken. Das geschriebene Wort entwickelt mehr Kraft als der Gedanke allein.

Fünf wiederkehrende Symbole führen dich durch das Buch und helfen dir auf deiner Willenskraftreise dabei, dich leichter zu orientieren. Vier davon kennst du bereits: Das *Stopp-Symbol*, das dich darauf aufmerksam macht, den Autopiloten auszuschalten. Die *Palmeninsel*, die dich dazu einlädt, dir zwischendurch eine Minute Atempause auf der Denkinsel zu gönnen. Das *Notizbuch* als Symbol dafür, auf Papier zu denken und dir deine Gedanken aufzuschreiben. Und das Symbol des *Info-Points*. Hier erkundest du Wissenswertes zu den spannenden psychologischen Hintergründen. Das fünfte Symbol ist der *Check-in*, an dem du Fragen und Übungen findest, mit denen du das Holiday-Prinzip leichter in deine Alltagspraxis integrieren kannst. Hier sind die fünf Symbole im Überblick:

Jede einzelne Idee in diesem Buch ist darauf ausgerichtet, mehr Urlaubsleichtigkeit in deine Ziele zu bringen. Fang gleich damit an, die Ideen auszuprobieren. Je schneller du das Holiday-Prinzip kennenlernst und die Holiday-Strategien konsequent anwendest, desto schneller gelingt es dir, mehr Ziele leichter zu erreichen, beruflich voranzukommen und dein Privatleben zu bereichern. Dabei ist es nicht wichtig, wie groß dein erster Schritt ist, sondern dass du in die richtige Richtung gehst. Dann bringt dich jede noch so kleine Aktivität deinem Ziel näher. Egal, ob Masterstudium, Wohlfühlgewicht oder Traumjob – *it's like another holiday*.

Autopilot aus

Denkinsel

Notizbuch

Info-Point

Check-in

TEIL 1

Das Holiday-Prinzip

1. Motivationsgipfel

Je mehr Lust du auf ein Ziel hast, desto stärker ist deine Motivation dafür und desto leichter fällt es dir, etwas für dein Ziel zu tun.

Urlaub, endlich Urlaub! Himmel, wie freuen wir uns darauf, die wertvollste Zeit im Jahr nach unseren eigenen Ideen zu gestalten. Zur Trekkingtour nach Schweden oder zur Wellness nach Mallorca, mit der Familie auf den Bauernhof oder zum Sprachkurs nach England. Alle Sinne sind auf den Urlaub ausgerichtet, und keine Anstrengung ist zu groß, um die schönste Zeit des Jahres zu planen, vorzubereiten und zu organisieren. Wie schön wäre es, wenn du dieses tolle Gefühl und die große Energie auch für alle anderen deiner Ziele entwickeln könntest. Mit dem Holiday-Prinzip geht das. Damit schaffst du es, dich auf jedes deiner Ziele so zu freuen wie auf deinen Urlaub. Alles fängt damit an, eine Frage zu klären: Was will ich und warum will ich das?

Klarheit über deine Ziele im Leben zu bekommen ist der erste und wahrscheinlich wichtigste Schritt. Sonst landest du vielleicht in Nordschweden zur Elchjagd, obwohl du viel lieber im Mittelmeer baden würdest. Wir leben in einer Welt voller Möglichkeiten. So viele Chancen, deine Ziele zu verwirklichen, gab es noch nie. Zum Glück! Doch wenn es dir so geht wie den meisten Menschen, fällt es dir manchmal schwer, im Meer der Möglichkeiten den Kopf über Wasser zu halten und klar zu sehen, was du eigentlich willst und worüber du dich am meisten freuen würdest. Es gibt einfach zu viele Ziele, zwischen denen du dich entscheiden kannst.

Der Hauptgrund, warum manche Menschen ihre Ziele mit mehr Leichtigkeit erreichen, ist der, dass sie die Ziele klar vor Augen haben. Weißt du, welche Ziele unter den vielen möglichen Zielen für dich im Leben besonders wichtig sind? Worauf freust du dich am meisten? Was willst du und warum willst du das?

Was will ich?

Nimm dir ein Blatt Papier oder ein Notizbuch und schreibe dir gleich einmal die fünf wichtigsten Ziele auf, über die du dich in diesem Jahr am meisten freust und die du unbedingt verwirklichen willst. Schreibe die Ziele in der positiven Form auf, also notiere das, was du willst, anstelle von dem, was du nicht (mehr) willst. Und schreibe die Ziele so auf, als ob du sie schon erreicht hättest. Unser Gehirn funktioniert damit besser. Zum Beispiel:

1. *Ich freue mich über den Masterabschluss, den ich bis Ende des Jahres geschafft haben werde.*
2. *Ich freue mich über mein Wohlfühlgewicht, das ich bis zum Sommer erreicht haben werde.*
3. *Ich freue mich über die größere Wohnung, die ich bis zum Herbst gefunden haben werde.*
4. *Ich freue mich über das höhere Gehalt, das ich bis Ostern realisiert haben werde.*
5. *Ich freue mich über meine guten Englischkenntnisse, die ich bis Oktober erworben haben werde.*

Fühlen sich deine Ziele schon wie Urlaub an? Freust du dich schon darauf wie auf deinen Urlaub? Wahrscheinlich noch nicht. Und dafür gibt es zwei Gründe. Erstens, es kann manchmal ganz schön lange dauern, bis du am Ziel angekommen bist, und zweitens, der Flug dahin kann anstrengend sein. Trotzdem willst du dorthin. Warum? Am nächsten Info-Point erfährst du mehr darüber.

Ziele und Motive

Die Ziele, die wir uns setzen, sind nichts anderes als die sichtbare Oberfläche unserer Motive, das heißt die Antwort auf die Frage »Warum?«. Das ist genauso wie bei einem Eisberg in der Antarktis. Das, was wir oberhalb des Wassers sehen, ist nur ein kleiner Teil des gesamten Eisbergs. Unterhalb der Wasseroberfläche liegt der eigentliche Teil. Bei deinem Zieleeisberg ist das dein Warum, dann erst kommt das Ziel obendrauf. *Warum* will ich gesünder essen, mich mehr bewegen, einen Mastertitel, einen Führungsjob, mehr Geld etc.? Es geht eigentlich nie nur um die Ziele selbst, die du erreichen willst, die Dinge, die du haben willst oder tun willst. Es geht immer darum, ein Motiv (Bedürfnis) zu befriedigen. Manche Motive sind dir in die Wiege gelegt. Angeboren sind zum Beispiel die Motive »Beziehung«, »Freiheit« oder »Neugier«. Erlernt sind Motive wie »Sicherheit«, »Gerechtigkeit« oder »Macht«. Diese Motive verinnerlichst du in früher Kindheit, vermittelt durch deine Eltern oder durch einprägsame Lebenserfahrungen. Deine Motive sind dir oft nicht bewusst, und selbst wenn du sie dir bewusst machst, kannst du trotzdem wenig daran ändern. Du kannst dich aber jeden Tag neu entscheiden, welche Ziele du wählst. Das sicherste Rezept für ein glückliches und erfolgreiches Leben lautet: Wähle deine Ziele passend zu deinen Motiven.

Du versuchst vielleicht seit einigen Wochen, anders zu essen, dich mehr zu bewegen, morgens früher aufzustehen, einen Lernplan oder ein Hobby zu verfolgen oder einen neuen Job zu finden. Stellst du unterwegs fest, dass es dir schwerfällt, deinen Plan einzuhalten und dein Ziel zu verfolgen, liegt das wahrscheinlich daran, dass du nicht klar vor Augen hast, warum du das willst. Weißt du, was bei dir unter der Wasseroberfläche liegt? Kennst du deine Lebensmotive? Am nächsten Check-in erfährst du mehr.

Warum will ich das, was ich will?

Die Energie, die du brauchst, um auch lange und anstrengende Flüge zu deinem Ziel zu meistern, kommt aus der Befriedigung deiner Bedürfnisse. Also aus deiner Antwort auf die Frage: »Warum?« Schreibe dir deshalb zu jedem deiner Ziele auf, warum du es erreichen willst, also worauf du dich freust, wenn du da ankommst, wo du hinwillst. Denke zum Beispiel an das Ziel »Masterabschluss« und verwende die einfache Um-zu-Fragetechnik:

Warum will ich einen Masterabschluss? Um mich damit für eine Führungsposition zu qualifizieren.

Gehe noch einen Schritt weiter. Frage dich so lange nach dem Warum, bis du keine Antwort mehr findest.

Warum will ich mich für einen Führungsjob qualifizieren?
Um damit bessere Chancen auf dem Arbeitsmarkt zu haben.

Warum will ich bessere Chancen auf dem Arbeitsmarkt?
Um unabhängiger von (m)einem Arbeitgeber zu sein.

Jetzt bist du an deiner Energiequelle. Die Befriedigung deines Bedürfnisses (Motivs) nach Unabhängigkeit macht dich glücklich. Dafür bist du bereit, ein berufsbegleitendes Masterstudium zu absolvieren und nach Feierabend noch zum Fachbuch zu greifen. Dein Bedürfnis nach Unabhängigkeit ist ein starker Antrieb. Vielleicht hast du aber auch andere Motive, die dich antreiben. Willst du mit dem Masterstudium dein Know-how vertiefen, um deine Sicherheit im aktuellen Job zu steigern? Oder willst du in einer Führungsposition einfach mehr Geld verdienen? Hier ist ein anderes Beispiel, das Wohlfühlgewicht.

Warum will ich ein Wohlfühlgewicht? Um mich damit leichter und dynamischer zu fühlen.

Warum will ich mich leichter und dynamischer fühlen?
Um dadurch wieder tatkräftiger zu sein.

Warum will ich tatkräftiger sein? Um ein aktives Leben führen und mit meinen Kindern Mountainbike fahren zu können.

Hier treibt dich dein Motiv (Bedürfnis) nach Aktivität an und hilft dir dabei, weniger Süßigkeiten zu essen und dich mehr zu bewegen. Auch hier gibt es natürlich andere Motive, die hinter dem Ziel »Wohlfühlgewicht« stehen können. Vielleicht willst du abnehmen, um mit einer Freundin mitzuhalten, die dir von ihrem Plan erzählt, bis zum Sommerurlaub eine Bikinifigur zu erreichen. Oder du willst abnehmen, um dich wieder attraktiver und selbstbewusster zu fühlen.

Stelle dir vor, wie es sich anfühlt, wenn du als aktiver Papa oder als aktive Mama wieder mehr mit deinen Kindern mithalten kannst. Oder wie erhebend es für dich ist, wenn du eine oder vielleicht sogar mehrere Führungspositionen angeboten bekommst. Freust du dich jetzt schon mehr auf dein Ziel? Fühlt sich dein Ziel jetzt nach Urlaub an?

„Was will ich und warum will ich das?« sind zwei der wichtigsten Fragen in deinem Leben. Deine Antworten darauf versorgen dich mit der notwendigen Energie für die Zielverwirklichung. Deine Antworten entscheiden aber auch darüber, wo dein *Urlaub* hingeht. Wenn du nicht darüber entscheidest, wohin dein Flieger gehen soll und warum, tun das andere für dich. Dann stehst du vielleicht plötzlich am Check-in nach China, um die nächsten zwei Jahre ein Business aufzubauen, obwohl du viel lieber zu Hause eine Familie gründen würdest.

Finde heraus, welche deiner Ziele zu deinen Motiven passen, oder besser noch, erforsche zuerst deine wichtigsten Lebensmotive und wähle deine Ziele dann bewusst danach aus. Gehe dazu auf Motivsuche und nutze die Fährte deiner Gefühle. Überlege, worüber du dich im Leben wirklich freust, wann du dich besonders gut fühlst oder worauf du so richtig Lust hast. Schaue dir die Begriffe in der folgenden Liste an und markiere die fünf Motive, die dich spontan am meisten ansprechen. Wenn dir ein Begriff fehlt, dann ergänze die Liste einfach. Schreibe dir auch wieder einige Stichworte in dein Notizbuch oder deine Smartphone-Notes.

Lebensmotive		
Sicherheit	Kontrolle	Erfolg
Ordnung	Dominanz	Fortschritt
Zuwendung	Bedeutung	Kreativität
Geborgenheit	Ehre	Aktivität
Harmonie	Reichtum	Anerkennung
Gerechtigkeit	Status	Abwechslung
Freundschaft	Einfluss	Neugier
Partnerschaft	Herausforderung	Abenteuer
Familie	Wettbewerb	Unabhängigkeit
Beziehung	Macht	Leistung
...	...	...

Schreibe dir jetzt deine fünf wichtigsten Lebensmotive in dein Notizbuch oder deine Smartphone-Notes. Wähle wieder positive Formulierungen wie zum Beispiel:

- *Ich freue mich über Sicherheit.*
- *Ich fühle mich zugehörig, wenn ich in einer Beziehung lebe.*
- *Ich habe Lust auf Erfolg.*
- *Ich bin glücklich, wenn ich unabhängig bin.*
- *Ich fühle mich bedeutsam, wenn ich Einfluss nehmen kann.*

Schreibe dir einige Stichworte zu deinen Zielen und Motiven in dein Notizbuch oder deine Smartphone-Notes.

Denke einmal darüber nach, mit welchen deiner Ziele du dich bei der Arbeit, in Familie und Freizeit gut fühlst. Auf welche Ziele freust du dich? Wann fühlst du dich sorgenfrei und leicht? Hier stimmen deine Ziele und deine Motive überein, genauso, wie wenn du im Urlaub deine eigenen Ideen umsetzt und dich dabei pudelwohl fühlst. Für solche Ziele kannst du deine Energie leichter einsetzen.

Fühlt sich dein Ziel hingegen über längere Zeit nicht wie Urlaub an, bist du dir vielleicht unsicher, ob du das passende Ziel zu deinen Motiven ausgewählt hast, und verfolgst oder fühlst du dich mit einem Ziel unzufrieden und antriebslos, dann solltest du das Ziel überdenken. Nutze dazu regelmäßig die Frage: »Was will ich und warum will ich das?«

Je mehr Lust du auf ein Ziel hast, desto stärker ist deine Motivation und desto leichter fällt es dir, dich auf dein Ziel zu konzentrieren, dafür zu planen und darauf zu vertrauen, dass du es auch erreichst. Deshalb fällt es dir leichter, etwas für die Ziele zu tun, auf die du so richtig Lust hast. Das gilt für die Ziele im Alltag genauso wie für die im Urlaub. Achte darauf, deine eigenen Ziele zu verfolgen, die deinen Motiven entsprechen – denn darauf hast du Lust, darauf freust du dich wie auf deinen Urlaub.

Manchmal liegt dein Ziel auch in sehr weiter Ferne und der Weg dahin führt über mühsame Zwischenziele, auf die du dich nicht wirklich freust, auch wenn du noch so viel Lust darauf hast, am Ziel anzukommen. Zum Beispiel der Weg zum Wohlfühlgewicht.

Anfangs bist du bereit dafür, Energie einzusetzen, auf Süßes zu verzichten und dich mehr zu bewegen, obwohl du das nicht lustig findest. Du lenkst deine Aufmerksamkeit freiwillig auf zuckerfreies Essen und die Sportschuhe, weil du dich freust, bald endlich wieder in deine Lieblingsjeans zu passen. Du planst ein wenig, was du während des Tags essen und wann du dich bewegen wirst. Und du vertraust darauf, dass du es schaffst. Doch unterwegs geht die Lust langsam verloren. Die Wochen ziehen sich zäh in die Länge und das Ziel gerät aus den Augen. Der Plan verschwindet in der Schublade, die Sportschuhe im Keller. Die Aufmerksamkeit kreist immer stärker um die Schokolade im Wandschrank und die Couch im Wohnzimmer. Dein Glaube an dich und daran, dass du es schaffst, schwindet. Was machst du dann?

Hier folgt eine der wichtigsten Erkenntnisse in diesem Buch: Wenn sich deine Reise zum Ziel unterwegs immer weniger nach Urlaub anfühlt, dann denke an die fünf Säulen des Holiday-Prinzips: *freuen, konzentrieren, planen, vertrauen* und *lernen*. Mach dir bewusst, dass du alle diese Fähigkeiten besitzt und jedes Jahr nutzt, um deine Urlaubsziele zu verwirklichen. Wenn es dir im hektischen Alltag unterwegs zu deinen Zielen zunehmend schwerfällt, dich bewusst auf dein Ziel zu freuen, dich darauf zu konzentrieren, dafür zu planen, darauf zu vertrauen, dass du es schaffst, und aus deinen Erfahrungen zu lernen, ist das erst einmal vollkommen normal.

Wichtig ist, dies zu erkennen, es dir bewusst zu machen und dann zu überlegen, wo du den Hebel ansetzen kannst, um deine Motivation und Energie aufrechtzuerhalten und wieder mehr Urlaubsleichtigkeit in dein Ziel zu bringen. Merkst du, dass deine Motivation und deine Energie unterwegs zum Ziel nachlassen, hilft es, dir die fünf Säulen des Holiday-Prinzips bewusst zu machen. Lege dafür eine Atempause ein. Eine Minute reicht vollkommen aus, um den Raum für die Selbsterkenntnis zu schaffen. Dazu lade ich dich wieder auf die Denkinsel ein.

Schließe die Augen. Stell dir vor, du bist an deinem Lieblingsurlaubsort. Fühle, wie deine Fußsohlen fest auf dem Boden stehen. Atme ruhig und tief ein und aus und lasse deine Gedanken über deine Ziele und Motive fliegen.

1 Wie sehr freust du dich auf dein Ziel?

Prüfe zuerst, inwieweit deine Zielauswahl glücklich war. Freust du dich wirklich auf dein Ziel? Passt dein Ziel wirklich zu deinen Motiven? Manchmal muss man zweimal hinschauen. Zum Beispiel ist das Ziel, einen Führungsposten zu erreichen, nur schwer mit den Motiven »Streben nach Harmonie, Zuwendung und Freundschaft« vereinbar. Eine Führungskraft trifft häufig unpopuläre Entscheidungen, steht oft in der Schusslinie und braucht deshalb eine hohe Konfliktbereitschaft und ein dickes Fell. Dafür sind Motive wie »Streben nach Einfluss, Dominanz und Macht« notwendig. Ebenso schwierig wird es, wenn ein schwach ausgeprägtes Leistungsmotiv auf eine ambitionierte sportliche Zielsetzung trifft. Oder wenn das Motiv nach Sicherheit und Ordnung gegen das Ziel, Künstler zu werden, arbeitet. Bleibt die Freude über deine Zielauswahl längere Zeit verschollen, ist es sinnvoll, dir ein anderes Ziel zu suchen. Denke an den Urlaub. Du fährst ja auch nicht an Urlaubsziele, auf die du dich nicht freust.

2 Wie stark konzentrierst du dich auf dein Ziel?

Oft geht die Freude bei der Zielverfolgung deshalb verloren, weil der Weg weit und das, was du für dein Ziel tun willst, anstrengend ist. Belebe deine Freude, indem du deine Aufmerksamkeit bewusst auf dein Ziel lenkst und dir deine Motive, dein Warum in Erinnerung rufst. Stelle dir vor, wie belohnend es sich anfühlt, am Ziel anzukommen. Konzentriere dich wieder mehr auf dein Ziel und das, was du dafür tun willst – dann steigt die Freude.

3 Wie intensiv planst du für dein Ziel?

Manchmal geht die Freude an der Zielumsetzung auch deshalb verloren, weil du in der Flut der Alltagspflichten den Weg zu deinen Zielen aus den Augen verlierst. Hier hilft es dir, wenn du dich wieder bewusst an deinen Plan erinnerst, deine Notizen aus der Schublade holst und dich daran festhältst wie an einem Seil auf einer Bergwanderung. Mit deinem Plan, was du wann und wie machst, um dein Ziel zu erreichen, fällt es dir leichter, den Weg zum Ziel zu gehen – dadurch steigt die Freude wieder.

4 Wie stark glaubst du an dich und dein Ziel?

Von Zeit zu Zeit lässt die Freude auf das Ziel auch nach, weil unterwegs nicht immer alles klappt. Dann fängst du an zu zweifeln, ob du dein Ziel überhaupt erreichen kannst. Rufe dir besonders in diesen Momenten bewusst in Erinnerung, was du bereits alles geschafft und erfolgreich umgesetzt hast. Dadurch stärkst du dein Selbstvertrauen und dadurch steigt die Lust aufs Weitermachen und die Freude aufs Ziel.

5 Wie viel lernst du von früheren Zielumsetzungen?

Rufe dir auch deine Erfahrungen aus ähnlichen Situationen auf früheren Reisen zu einem Ziel bewusst in Erinnerung und überlege, was du dabei gelernt hast. Deine Lernerfahrungen aus der Vergangenheit sind eine wertvolle Quelle, um es dir auf deinem heutigen Weg zum Ziel leichter zu machen. Die Freude auf dein Ziel wächst mit der Leichtigkeit und die Leichtigkeit wächst mit der Freude.

Alle fünf Fähigkeiten wirken wechselseitig aufeinander. Lenkst du deine Aufmerksamkeit bewusst auf dein wichtigstes Ziel, freust du dich automatisch mehr darauf. Genauso wie du dich auf deinen Urlaub freust, wenn du daran denkst. Steigt die Freude auf dein Ziel, fällt es dir leichter, deinen Plan einzuhalten. Hältst du deinen Plan ein, wird dein Selbstvertrauen, das Ziel erreichen zu können, wachsen. Dein Vertrauen in dich und deine Fähigkeiten wächst ebenso, wenn du an frühere Ziele denkst, die du erfolgreich verwirklicht hast, und aus diesen Erfahrungen lernst.

Nutze die Kraft der Bilder, um deine Aufmerksamkeit bewusst auf dein Ziel zu lenken, so wie du das auch bei deinen Urlaubszielen machst. Verbinde ein starkes Bild mit deinem Ziel. Das geschriebene Wort, zusammen mit einem kraftvollen Bild, erinnert dich daran, wie sehr du dich darauf freust, dein Ziel zu erreichen. Das Foto einer Südseeinsel symbolisiert zum Beispiel eine Traumreise nach Hawaii. Welches Bild hast du für dein Ziel vor Augen? Vielleicht deine neue Visitenkarte mit dem Mastertitel? Oder ein Foto von dir, aufgenommen vor einigen Jahren, mit Wohlfühlgewicht? Der französische Schriftsteller und Pilot Antoine de Saint-Exupéry sagte: *Jedes starke Bild wird Wirklichkeit.*

Und setze dir eine Frist, bis wann du dein Ziel erreicht oder dein Vorhaben umgesetzt haben wirst. Ziele ohne Zeitangabe laden zum Bummeln ein – und dann ist der Flieger weg.

Fange heute damit an, das Holiday-Prinzip auf alle deine Ziele anzuwenden. Es ist nicht wichtig, wie groß dein erster Schritt ist, sondern dass du in die richtige Richtung gehst. Dann bringt dich jede noch so kleine Aktivität deinem Ziel näher.

Eine starke Motivation, deine Ziele erreichen zu wollen, ist der Anfang und die erste von fünf Säulen des Holiday-Prinzips. Freust du dich auf dein Ziel, ist das ein sicheres Zeichen dafür, dass deine Motivation stark ist. Denke an deinen Urlaub. Darauf freust du dich. Deine Motivation ist stark.

FAZIT

Freue dich auf dein Ziel wie auf deinen Urlaub

- Das sicherste Rezept für ein glückliches und erfolgreiches Leben lautet: Wähle deine Ziele passend zu deinen Motiven.
- Der einfachste Weg, um dich dauerhaft auf ein Ziel zu freuen, ist der, dir deine Ziele und deine Motive aufzuschreiben.
- Die beste Erinnerungshilfe an dein Ziel ist ein starkes Bild davon, wie es aussieht, wenn du das Ziel erreicht hast.

Verankere das, was du willst und warum du es willst, fest in deinen Gedanken und in deinem Gefühl. Rufe dir dein Ziel und deine Motive dafür immer wieder bewusst in Erinnerung. Stelle dir immer wieder vor, wie es sich anfühlt, wenn du dein Ziel erreicht hast.

Im zweiten Teil des Holiday-Prinzips lernst du drei einfache und wirksame Strategien kennen, mit denen du deine Motivation stark und im Bewusstsein hältst, auch wenn es unterwegs holprig wird. Vielleicht so viel schon vorab: Dein Gedächtnis, die Kunst der Selbstbelohnung und vergnügliche Zielaktivitäten spielen dabei eine zentrale Rolle. Außerdem lernst du Orte kennen, wo Menschen glücklich und zufrieden über 100 Jahre alt werden.

Im nächsten Kapitel geht es aber zunächst einmal um deine Aufmerksamkeit und darum, wie es dir leichter gelingt, alle deine Sinne auf dein Ziel zu konzentrieren. Das ist besonders wichtig, weil wir in einer Welt voller Reize und Informationen leben und du eine gute Methode dafür brauchst, um im alltäglichen Sturm der Ablenkungen dein Ziel im Auge zu behalten – so wie dir das bei deinem Urlaubsziel gelingt.

2. Aufmerksamkeitsfluss

Du reagierst, wie jeder Mensch, immer und überall auf den stärksten und emotionalsten Reiz in deiner Umgebung.

Herrlich, wie konzentriert wir sind, sobald wir uns für ein Urlaubsziel entschieden haben. Auf einmal richtet sich unsere ganze Energie auf die Planung und Vorbereitung für exakt dieses Ziel: die Kreuzfahrt in der Karibik oder die Gourmetreise durch Italien, die Fahrradtour entlang der Donau oder die Exkursion zu den Pyramiden in Ägypten. Wir sammeln automatisch alle Informationen, die wir brauchen, um einen schönen Urlaub zu realisieren, und denken gerne darüber nach, was wir tun können, um es am Urlaubsziel schön zu haben. Uns fällt es leicht, unsere Aufmerksamkeit auf den Urlaub zu richten.

Denkst du an Urlaub, ist es für dich normal, dich irgendwann für ein Urlaubsziel zu entscheiden. Es ist dir klar, dass du nicht gleichzeitig an zwei verschiedenen Urlaubsorten, zum Beispiel in der Karibik und in Italien, sein kannst. Du weißt, dass du in deinem dreiwöchigen Jahresurlaub nur ein Ziel verwirklichen kannst. Deshalb planst du auch nicht für zwei oder drei Urlaubsziele gleichzeitig. Hast du dich einmal für ein Urlaubsziel entschieden, konzentrierst du dich darauf, und deshalb fällt es dir leicht, etwas dafür zu tun.

Im Alltag sieht das häufig anders aus. Wie oft treiben dich zehn Ziele gleichzeitig um! Soll ich mich auf den Master oder aufs Wohlfühlgewicht konzentrieren, mich für mehr Bewegung oder die zuckerarme Ernährung entscheiden, endlich den Stress reduzieren oder mich doch ehrenamtlich engagieren? Treibe ich die Karriere voran, gründe ich eine Familie, baue ich ein Haus oder sollte ich vielleicht alles auf einmal oder gar nichts von allem machen?

Zum Glück leben wir in einer Welt voller Möglichkeiten, doch manchmal fällt es einfach schwer, sich zu entscheiden und dann auch bei der einmal getroffenen Entscheidung zu bleiben. Es strömen einfach zu viele Informationen auf dich ein, die dich ablenken und zweifeln lassen.

Einer der Hauptgründe, warum manche Menschen ihre Ziele mit mehr Leichtigkeit erreichen, ist der, dass sie sich genauso wie beim Urlaub für *ein* Ziel entscheiden und sich darauf konzentrieren. Du kannst das auch. Du kannst die gleiche

Entscheidungssicherheit und Konzentration für ein Ziel entwickeln, das du im Alltag umsetzen willst, wie für deine Urlaubsziele. Das Holiday-Prinzip macht's möglich. Die Methode dazu ist einfach: Filtere bewusst zieldienliche Informationen aus deiner Umgebung.

Wie der Fischer mit seinem Netz die Fische aus dem Meer zieht, so bist du dazu fähig, mit deiner Aufmerksamkeit Informationen aus dem Informationsmeer zu ziehen. Achte dabei bewusst darauf, welche Informationen du filterst. Unterscheide zwischen zieldienlichen Informationen, die dir helfen, dein Ziel zu erreichen, und Informationen, die dir und deinem Ziel gefährlich werden können. Letztere kannst du bewusst durch die Maschen deines Aufmerksamkeitsnetzes fallen lassen.

Hier ist ein Beispiel: Um dein wichtigstes Ziel in diesem Jahr, dein Wohlfühlgewicht, zu erreichen, entscheidest du dich für eine zuckerarme Ernährung. Die Entscheidung fühlt sich gut an. Die Tasse Kaffee ohne süßes Stückchen dazu leider weniger.

Trotzdem hältst du dich daran. Das Foto am Kühlschrank, auf dem du dir selbst zuwinkst, als du noch zehn Kilogramm leichter warst, erinnert dich daran, wie toll es sich anfühlt, weniger zu wiegen. Doch dann kommt Ostern (oder der Nikolaus). Die Welt scheint voll von Schokolade zu sein. Keine Werbung und kein Schaufenster ohne Osterhasen und plötzlich sind überall süße Teilchen. Du möchtest wie früher in den Schokohasen beißen oder in der Kantine zum Schokokuchen greifen, weißt aber, dass du das besser sein lässt, wenn du im Sommer wieder in deine Lieblingsjeans passen willst. Um dieses Einerseits-Andererseits, diesen Entscheidungskonflikt auszuhalten und deinem Ziel treu zu bleiben, brauchst du viel Energie.

Richtest du jetzt deine Aufmerksamkeit auf die Schokohasen, ist das für dein Ziel »Wohlfühlgewicht« und den Weg zur zuckerfreien Ernährung gefährlich. Die Wahrscheinlichkeit steigt, schwach zu werden und etwas Süßes zu essen. Lenkst du deine Aufmerksamkeit hingegen bewusst weg von den Schokohasen und hin zu den Dingen, die deinem Ziel dienlich sind, steigt deine Chance, stark zu bleiben und dein Wohlfühlgewicht zu erreichen.

Weißt du, welche Informationen du im Zusammenhang mit deinem Ziel täglich wahrnimmst? Sind diese Informationen zieldienlich, das heißt, helfen sie dir, bei deiner Zielentscheidung und auf deinem Weg zum Ziel zu bleiben? Wie gut gelingt es dir, bewusst zieldienliche Informationen aus deiner Umgebung zu filtern? Am nächsten Check-in kannst du das herausfinden:

Was nehme ich wahr?

Nimm dein Notizbuch zur Hand und schreibe einige zieldienliche Informationen auf, die du heute im Zusammenhang mit deinem wichtigen Ziel wahrgenommen hast. Schreibe dir auf, woher die Informationen gekommen sind, also ob aus dem Radio, dem Internet, aus Büchern oder von Freunden. Vielleicht versuchst du seit einigen Wochen, deinen Lernplan für die Masterprüfung in drei Monaten einzuhalten. Zieldienliche Informationen dafür sind zum Beispiel:

- *Ein Freund hat mir heute erzählt, dass er plant, auch ein nebenberufliches Studium zu absolvieren.*
- *Ich habe heute einen Arbeitsmarktexperten im Radio erzählen hören, dass Jobchancen mit höherer Qualifikation wachsen.*
- *Mein Arbeitgeber hat mir heute signalisiert, dass ich auch dieses Jahr fünf Tage Bildungsurlaub genehmigt bekomme.*
- *Ich habe heute erfahren, dass meine letzte Studienarbeit mit der Note »gut« bewertet wurde.*
- *Mein Partner hat mir heute wieder einmal gesagt, wie toll er es findet, dass ich neben meinem Beruf noch studiere.*

Denkst du an deinen Urlaub, funktioniert der Informationsfilter automatisch. Du willst zum Beispiel Work-&-Travel-Urlaub in Australien machen.

Plötzlich siehst, hörst und liest du überall etwas über Australien. Nicht immer achtest du bewusst darauf, doch deine Aufmerksamkeitsfilter fischen trotzdem alle Informationen aus der Umgebung, die irgendetwas mit dem roten Kontinent zu tun haben. Und weil du wirklich nach *Down Under* willst, um deinen Kindheitstraum zu verwirklichen, und dich schon so sehr darauf freust, filterst du ganz unbewusst die hilfreichen Informationen heraus, die dich in deiner Entscheidung stärken, diese Reise zu verwirklichen.

Dein Urlaub hat die Kraft, deine Aufmerksamkeit automatisch auf sich und die zieldienlichen Informationen zu ziehen. Deshalb fällt es dir leicht, deine Entscheidung Schritt für Schritt umzusetzen, ohne daran zu zweifeln. Du lässt dich weder beeinflussen noch ablenken und schon gar nicht durch irgendwelche Informationen von deinem Urlaubsziel abbringen. Das Geniale ist, dass dieses Prinzip, das Holiday-Prinzip, auch funktioniert, wenn deine Ziele am Anfang zunächst noch nicht – oder unterwegs irgendwann nicht mehr – die gleiche starke Anziehungskraft entwickeln wie dein Urlaub und deshalb deine Aufmerksamkeit langsam von ihnen abwandert.

Mache einfach das, was du bei deiner Urlaubsvorbereitung bereits automatisch tust: Filtere bewusst alle auf dich einströmenden Informationen, achte bewusst darauf, welche Informationen dir ein gutes Gefühl geben, auf dem richtigen Weg zu deinem Ziel zu sein, und welche nicht. Filtere die zieldienlichen Informationen aus deiner Umgebung und lass die Informationen, die dich eher zweifeln lassen, durch deine Aufmerksamkeitsmaschen fallen.

Schreibe dir jeden Tag einige zieldienliche Informationen auf, die dich in deiner Entscheidung stärken, dein Ziel zu verfolgen. Nutze dazu dein Notizbuch oder deine Smartphone-

Notes. Mache das wirklich jeden Tag. Alles, was du im Zusammenhang mit deinem Ziel aufschreibst, entfaltet eine starke Kraft. Damit verwirklichst du deine Ziele leichter.

Denke immer auf Papier. Schreibe dir einige Stichworte dazu auf, was du täglich im Zusammenhang mit deinem Ziel wahrnimmst.

Mit dieser einfachen Methode trainierst du deine Aufmerksamkeit darauf, mehr Informationen wahrzunehmen, die dir helfen, dein Ziel zu erreichen, anstatt zu viele Informationen aus deiner Umgebung aufzunehmen, die dich von deinem Ziel abbringen. Warum das so wichtig ist, erklärt eine fundamentale psychologische Erkenntnis, die dein Leben verändern wird. Mehr dazu am nächsten *Info-Point*.

Aufmerksamkeit und Entscheidungen

Informationen, die deinem Ziel gefährlich werden, füttern einen (Entscheidungs-)Konflikt in dir. Einerseits willst du abnehmen und dafür weniger Zucker essen, doch andererseits liebst du Schokolade und willst in den Schokohasen beißen. Diese beiden Gedanken sind nicht miteinander vereinbar. Und das ist unangenehm für dich. Deshalb willst du aus der inneren Anspannung rauskommen.

Dazu hast du zwei Möglichkeiten. Erstens: Du kannst dein Verhalten ändern und deinem Ziel entsprechend handeln, das heißt keine Schokolade essen. Zweitens: Du kannst dein Denken ändern, dir sagen, dass ein Wohlfühlgewicht doch gar nicht so wichtig ist, und in den Schokohasen beißen. Dein erster Impuls zieht dich immer hin zur Schokolade, weil das im Moment einfacher ist. Das ist die Biologie in dir. Du reagierst, wie jeder Mensch, immer und überall auf den stärksten und emotionalsten Reiz in deiner Umgebung. Und Schokolade ist ein starker und emotionaler Reiz für die meisten von uns. Du kannst den Impuls leichter kontrollieren und der Schokolade widerstehen, wenn du mehr zieldienliche als zielhinderliche Informationen aus der Umgebung filterst. Lenkst du deine Aufmerksamkeit weg vom Schokohasen und hin zu anderen Dingen, erreichst du dein Ziel mit höherer Wahrscheinlichkeit. Lenkst du deine Aufmerksamkeit hin zum Schokohasen, steigt das Risiko, dem starken Schokoladenimpuls nachzugeben.

Teste diese psychologische Erkenntnis gleich einmal im Selbstversuch: Magst du gerne Schokolade (oder Kuchen, Wein, Gummibärchen, Internetsurfen, Smartphone checken etc.) und willst du abnehmen? Oder möchtest du konzentriert lernen? Stelle dir vor, du musst dich vor einen Schokoladenhasen (oder ein Stück Kuchen, ein Glas Wein, eine Schale voll bunter Gummibärchen, das Internet, dein Smartphone etc.) setzen, darfst aber nichts davon essen oder trinken, die Maus nicht bewegen oder das Smartphone nicht in die Hand nehmen. Um dem Reiz zu widerstehen, brauchst du eine enorme (Willens-) Kraft.

Du musst dich vor dir selbst schützen, weil dich der Wunsch nach schneller Befriedigung mit jeder weiteren Minute mehr auf eine für dein Ziel Wohlfühlgewicht (oder konzentriert lernen) potenziell schädliche Entscheidung zusteuern lässt: »Ich will Schokolade, jetzt beiße ich rein« (»Ich will mein Smartphone checken, jetzt!«).

Egal, ob es sich um die Steuererklärung am Wochenende oder um die Lerneinheit für den Masterabschluss nach Feierabend handelt, immer wenn es ein Einerseits-Andererseits in dir gibt, ist dein Ziel in Gefahr. Einerseits willst du für den Master lernen, damit du den Abschluss schaffst, andererseits willst du etwas mit deinen Kumpels unternehmen. Einerseits willst du endlich die Steuererklärung machen, um eine Rückzahlung zu bekommen, andererseits willst du am Wochenende einfach mal chillen.

In diesen Momenten des Entscheidungskonflikts ist es ausschlaggebend, welche Seite du mit Informationen fütterst, das heißt, worauf du deine Aufmerksamkeit lenkst. Richtest du deine Aufmerksamkeit im entscheidenden Moment auf die starken, verlockenden Reize »Schokolade«, »Bier mit den Kumpels« oder auf »Couch und Chillen«, ist die Wahrscheinlichkeit groß, schwach zu werden. Dann sortierst du dir dein Denken zurecht, sagst dir vielleicht: »Ach, nur *eine* Folge meiner Lieblingsserie«, »Was soll's, nur *ein* Bier mit den Kumpels« oder »Nur *ein* kleines Stückchen Schokolade«, statt dich zieldienlich zu verhalten, und die Steuererklärung bleibt liegen, das Fachbuch in der Schublade oder der Schokohase landet im Mund, obwohl du das alles gar nicht wolltest.

Eine hawaiianische Weisheit lautet: *Energy flows where attention goes*. Wohin deine Aufmerksamkeit geht, dorthin fließt deine Energie. Dieses Prinzip gilt immer und überall. Deine Energie folgt automatisch der Aufmerksamkeit, die du auf etwas richtest. Du kennst das vom Autofahren oder Spazierengehen. Fährst du geradeaus auf der Landstraße und schaust du zu lange nach rechts, ziehst du das Steuer automatisch nach rechts rüber. Ähnlich ist es beim Spazierengehen: Du schaust nach links und schon gehst du automatisch nach links.

Dich auf ein Ziel zu konzentrieren heißt die Aufmerksamkeit bewusst auf das zu lenken, was du erreichen willst und was du dafür tun willst und kannst. Das strengt allerdings wahnsinnig an. Dafür gibt es zwei Gründe. Erstens: Du fliegst im Autopiloten durch den Alltag und versuchst, alle Verpflichtungen zu erfüllen. Dabei folgt die Aufmerksamkeit deinen Gewohnheiten, und die sind oft wenig hilfreich, um ein neues Ziel zu verwirklichen. Zweitens: Unsere Umwelt ist voller starker, emotionaler Reize, die deine Aufmerksamkeit einfangen und damit auch dein Verhalten beeinflussen.

Zum Beispiel piept dein Smartphone und du schaust automatisch drauf, obwohl du dich auf die Arbeit konzentrieren willst. Du gehst abends wie gewohnt zum Kühlschrank, siehst darin Schokolade und isst ein Stück, obwohl du abnehmen willst. Oder du läufst durchs Wohnzimmer und setzt dich wie ferngesteuert auf die Couch zum Fernsehen, obwohl du eigentlich im Schlafzimmer die Joggingschuhe holen wolltest, um eine Runde laufen zu gehen. Um deine Aufmerksamkeit leichter bewusst auf das zu lenken, was dich ans Ziel bringt, musst du in den entscheidenden Momenten des Alltags deinen Autopiloten ausschalten und das Steuer selbst in die Hand nehmen.

Lass dich von deinem superstarken Stopp-Signal in entscheidenden Momenten daran erinnern, selbst zu denken und zu handeln, anstatt aus Gewohnheit etwas zu machen, was du gar nicht willst.

Überlege genau, wann im Tagesverlauf diese entscheidenden Momente sind. Die Momente, in denen du, ohne nachzudenken, routiniert, das heißt aus Gewohnheit, handelst. Zum Beispiel die Momente, in denen du in die Küche gehst und gedankenlos die Kühlschrankroutine abläuft: Kühlschrank auf, Schokolade in den Mund! Oder in denen du ins Wohnzimmer gehst und automatisch die Couchroutine startet: auf die Couch und Fernseher an! Oder bei der Arbeit, wenn du am Schreibtisch sitzt und wie ferngesteuert die Internetroutine ihren Lauf nimmt: Internetbrowser an und los geht's mit dem Surfen! In diesen Momenten kann dich dein superstarkes Stopp-Signal – vielleicht ein krasses Bildschirmfoto – darauf aufmerksam machen, deinen Autopiloten auszuschalten.

Jetzt kannst du deine Aufmerksamkeit bewusst lenken und damit auch deine Energie gezielt steuern – hin zu den Dingen und dem Verhalten, das dich an dein Ziel bringt. Wichtig dabei: Das Stopp-Signal muss in solchen entscheidenden Momenten automatisch gesetzt werden, ohne dass du vorher daran denken musst. Und es muss stark und emotional bedeutungsvoll für dich sein. Überlege einmal, wie das bei dir funktionieren könnte. Gönne dir dazu eine Denkpause auf deiner schönen Denkinsel. Eine Minute genügt.

Schließe die Augen. Beide Füße stehen fest am Boden. Stell dir vor, du bist an deinem Lieblingsurlaubsort. Atme ruhig und tief ein und aus und lass deine Gedanken fliegen.

Wusstest du, dass du als einziges Lebewesen auf der Welt dazu in der Lage bist, dich selbst zu beobachten? Selbstbeobachtung, also deine Aufmerksamkeit bewusst auf das zu lenken, was du im Zusammenhang mit deinem Ziel machst, wie du dich dabei fühlst und was du denkst, lenkt deine Willensenergie auf dein

Ziel. Dadurch verändert sich dein Verhalten und sogar dein Denken und Fühlen automatisch in die gewünschte Richtung. Durch Selbstbeobachtung steuerst du dein Verhalten, dein Denken und dein Fühlen.

Probiere das gleich einmal aus. Du wirst begeistert sein. Am nächsten Check-in erkundest du eine einfache Methode dazu.

Was beobachte ich an mir selbst?

Angenommen, du versuchst seit einigen Wochen einen Lernplan einzuhalten, um deinen Masterabschluss in drei Monaten zu bestehen. Du willst dreimal die Woche abends nach der Arbeit zwei Stunden lernen und deshalb weniger online sein. Denke ab heute jeden Abend vor dem Einschlafen kurz darüber nach, wann und was du konkret für deine Masterprüfung gelernt hast und wann und wie häufig es dir gelungen ist, dein Smartphone auf Flugmodus in der Schublade liegen zu lassen. Eine Minute, abends bevor du ins Bett gehst, reicht dafür vollkommen aus. Mache das konsequent jeden Abend vorm Einschlafen.

„Vor dem Einschlafen« ist übrigens ein entscheidender Moment im Alltag. Der Autopilot versucht dich routiniert auf die Couch oder ans Smartphone zu lenken, doch du hast dein superstarkes Stopp-Signal – vielleicht ein emotional bedeutungsvolles Urlaubsfoto auf dem Nachttisch –, das dich darauf aufmerksam macht, das Steuer selbst in die Hand zu nehmen und deine Aufmerksamkeit für eine Minute nach innen zu richten. Jetzt kannst du deine Energie bewusst auf deine neue Abendroutine lenken und dir zwei Fragen beantworten: »Was habe ich heute für mein Ziel getan?« und »Wie fühle ich mich gerade?«

Du kannst den positiven Effekt der Selbstbeobachtung sogar noch verstärken, indem du täglich einige Dinge aufschreibst, die du für dein Ziel getan hast. Denke dabei unbedingt auch an die kleinsten Dinge. Jeder noch so gering erscheinende Schritt in die richtige Richtung zählt.

Schreibe täglich einige Punkte auf, was du für dein Ziel getan hast. Dadurch richtest du deine Aufmerksamkeit automatisch nach innen und auf dein Ziel.

Versuchst du zum Beispiel seit einiger Zeit gesünder zu essen und dich mehr zu bewegen, um dein Wohlfühlgewicht bis zum Sommer zu erreichen, wären zieldienliche Verhaltensweisen zum Beispiel:

- *Ich habe heute dreimal die Treppe statt den Aufzug benutzt.*
- *Ich habe heute zwei Tassen Kaffee ohne Zucker getrunken.*
- *Ich habe heute darauf geachtet, zwei Liter Wasser zu trinken.*

- *Ich habe heute vor 18.00 Uhr zu Abend gegessen.*
- *Ich war heute in der Mittagspause 20 Minuten spazieren.*

Du kannst zusätzlich digitale Helfer für deine Selbstbeobachtung nutzen, zum Beispiel einen Fitness-Tracker, um deine Trainingseinheiten zu verfolgen und aufzuzeichnen. Oder du lädst dir eine Ziele-App aus dem Netz, mit der du dein Ziel definieren kannst, deine Aktivitäten dafür planst, verfolgst, was du täglich für das Ziel machst, und deine Erfolge festhältst. Es gibt viele nützliche Apps für Motivation, Ziele-Tracking und Erfolg. Die meisten davon sind kostenfrei. Probiere es einfach mal aus. Gib den Begriff »Ziele-App« in eine Suchmaschine ein und du wirst staunen, was du alles findest. Das Prinzip dieser Ziele-Apps ist immer das gleiche. Du führst dir damit vor Augen, was du willst, was du dafür tust und was du damit erreichst, das heißt: Du beobachtest dich selbst.

Deine Aufmerksamkeit bewusst zu steuern ist die zweite Säule des Holiday-Prinzips. Was im Fokus deiner Aufmerksamkeit liegt, kommt in deinem Gehirn (dem Absichtsgedächtnis) an und kann von dir umgesetzt werden. Das ist genauso wie bei deinem Urlaub. Darauf richtest du deine Aufmerksamkeit. Darauf konzentrierst du dich. Deshalb setzt du den Urlaub um.

FAZIT

Konzentriere dich auf dein Ziel wie auf deinen Urlaub

- Der Schlüssel für eine erfolgreiche Zielumsetzung ist: Konzentriere dich nur auf *ein* Ziel, am besten auf dein wichtigstes.
- Der einfachste Weg, deine Aufmerksamkeit bewusst zu lenken, ist der, jeden Tag zieldienliche Informationen aus deiner Umgebung zu filtern und aufzuschreiben.
- Die wirksamste Methode, dein Ziel zu erreichen, ist die, dich selbst zu beobachten und zu fragen, was du heute schon für dein Ziel getan hast, und dir dies aufzuschreiben.

Fokussiere deine Aufmerksamkeit in dem Augenblick, in dem du etwas für ein Ziel machst, konsequent auf das ausgewählte Ziel, auf alle zieldienlichen Informationen und auf das, was du täglich für dieses Ziel machst. Rufe dir dafür immer wieder bewusst in Erinnerung, was dir heute dabei geholfen hat, einen Schritt weiter in Richtung deines Ziels zu gehen.

Im zweiten Teil des Holiday-Prinzips erkundest du drei einfache und wirksame Strategien, mit denen es dir leichter gelingt, deine Aufmerksamkeit bewusst auf deine Ziele und auf das zu lenken, was du dafür tun willst und kannst, um dadurch wiederum deine Ziele leichter zu verwirklichen. So viel vielleicht schon vorab: Du lernst den Monkey Mind, unseren Affen im Kopf, kennen. So nennen buddhistische Mönche den unruhigen Geist, der uns immer wieder von dem ablenkt, worauf wir uns eigentlich konzentrieren wollen. Außerdem spielen die beiden Worte »Ja« und »Nein« eine wichtige Rolle – und eine russische Psychologin in einem Café in Berlin.

Auf den nächsten Seiten geht es aber erst einmal um das Thema Planung. So wie dir die Urlaubsplanung dabei hilft, das meiste aus deiner begrenzten und deshalb kostbaren Urlaubszeit zu machen, so hilft dir eine Zielplanung dabei, deine wertvolle, weil begrenzte Zeit im Alltag besser zu nutzen und dein Ziel auch wirklich zu erreichen.

3. Planungskoffer

Es gibt nichts Praktischeres als einen guten Plan. Du bahnst dir damit heute schon den Weg, den du morgen gehen wirst.

Halleluja, wie planvoll wir plötzlich sein können, wenn es um unseren Urlaub geht! Wir wollen die schönste Zeit des Jahres in vollen Zügen genießen, und da unsere Urlaubszeit begrenzt und damit wertvoll für uns ist, planen wir ganz genau. Wann geht der Flieger nach Andalusien, wie lange dauert die Kreuzfahrt von Hamburg nach New York, was machen wir zwei Wochen lang auf Teneriffa oder welche Ausrüstung brauchen wir für unsere Trekkingtour in Schweden? Wir recherchieren und telefonieren, wir notieren und jonglieren, und am Ende steht ein sauberer Plan, was wir wann wie machen. Die Vorfreude wächst.

Einer der sichersten Wege, deine Ziele im Alltag genauso leicht zu verwirklichen wie deinen Urlaub, ist schlicht: Mach dir einen Plan. Es gibt nichts Praktischeres als einen guten Plan. Du bahnst dir damit heute schon den Weg, den du morgen gehen wirst. Das ist, wie wenn du eine Fernwanderung in den Alpen machen willst und auf einer Wanderkarte deine Route einzeichnest. Du erkennst dabei, wo unterwegs die schönen Aussichtspunkte und die Brunnen sind, wie der Weg beschaffen ist, wo es den Berg hoch und wo es wieder runtergeht, wo du das Gasthaus fürs Abendessen und die Berghütte für die Nacht findest.

Darüber nachzudenken und aufzuschreiben, was du wann und wie machst, um an dein Ziel zu kommen, setzt eine enorme Energie frei. Du entwickelst dabei innere Bilder von deiner Reise zum Ziel und bist mental schon auf dem Weg, den du später real gehen wirst. Um beruflich schneller voranzukommen und dein Privatleben zu bereichern, gibt es keine wirksamere Strategie, als ein klares Ziel vor Augen und einen guten Plan in der Tasche zu haben. Denke an deine Ziele im Leben, bei der Arbeit und in der Familie, und fang gleich heute damit an, für morgen zu planen. Am nächsten Check-in erfährst du mehr.

Was mache ich wann und wie?

Nimm dir wieder dein Notizbuch oder deine Smartphone-Notes zur Hand und notiere dir zu deinem wichtigsten Ziel alles, was du konkret tun kannst, um es zu erreichen. Überlege allein oder rede mit deinen Freunden oder der Familie darüber. Sammle alle Punkte, die dir einfallen. Und dann bringe die einzelnen Aktivitäten in eine Reihenfolge. Was musst du zuerst machen, was später und wie gehst du die Dinge an? Erstelle dir einen Was-wann-wie-Plan und orientiere dich auf deinem Weg zum Ziel daran. Beachte beim Planen eine Regel: *Keep it simple.* Planen ist einfach und du kannst deine Planung einfach halten. Alles, was du dazu brauchst, ist ein Stück Papier und einen Stift. Bevor du damit anfängst, tatsächlich etwas zu tun, setze dich hin und schreibe alles auf, was du tun kannst, um dein wichtiges Ziel zu erreichen. Die raffiniertesten Softwareprogramme, Apps und Planungstools basieren auf diesem einfachen Prinzip.

Denke zum Beispiel an das Ziel »Masterabschluss« und die Prüfung in Managementlehre in vier Wochen. Ein einfacher Was-wann-wie-Plan kann so aussehen:

Was mache ich, um die Prüfung zu bestehen?
Lernen. Das heißt, die zwei Fachbücher zum Thema lesen, das Wichtigste rausschreiben und die Übungsaufgaben bearbeiten. Zuerst verschaffe ich mir einen Überblick über die einzelnen Kapitel und überlege, in welcher Reihenfolge ich die Kapitel lese. Dadurch bekomme ich auch ein Gefühl dafür, wie viele Seiten ich lesen muss und wie lange das dauern wird.

Wann kann ich das machen?
Dienstag und Donnerstag, nach der Arbeit, von 18.00 bis 20.00 Uhr, und Samstagmorgen, vor dem Einkauf, von 8.00 bis 10.00 Uhr. Das sind sechs Stunden pro Woche. Ich habe vier Wochen Zeit bis zur Prüfung, das heißt 24 Stunden Lernzeit insgesamt. Das reicht aus, um die 120 Seiten der beiden Fachbücher gründlich zu lesen und die Übungsaufgaben dazu zu lösen.

Wie kann ich das machen?
Ich bereite meinen Schreibtisch vor, sodass ich mich beim Lernen wohlfühle. Die Fachbücher liegen bereit und die jeweiligen Kapitel markiere ich mit Klebezetteln. Den Gesamtstoff teile ich mir in machbare einzelne Portionen ein. Vier Wochen bis zur Prüfung à drei zweistündige Lerneinheiten bedeutet, dass ich zwölf einzelne Lernpakete à zwei Stunden schnüre.

Denke immer auf Papier. Schreibe dir deinen Plan auf.

Denke an dein Ziel und schreibe dir auf, was du wann und wie dafür machen willst und kannst.

Plane immer im Voraus. Nimm dir Zeit für deine Planung. Einige Minuten am Abend für den nächsten Tag. Eine Viertelstunde am Sonntag für die kommende Woche. Zwei Stunden am Monatsende für den Folgemonat. Ein Wochenende im Dezember für das nächste Jahr. Es kommt nicht darauf an, möglichst lange zu planen, sondern möglichst regelmäßig und auf jeden Fall im Voraus und immer auf Papier. Finde die für dich ausreichende Planungszeitdauer und den passenden Planungszeitpunkt.

Dein Zeiteinsatz für die Planung zahlt sich aus. Du sparst viel Energie bei der Durchführung, wenn du heute schon weißt, was du morgen für dein wichtigstes Ziel machst, weil du dein Gehirn bereits darauf programmierst, es auch wirklich zu tun. Denke an die Fernwanderung in den Alpen. Mit einer Landkarte und der geplanten Route findest du den Weg leichter. Du weißt, wo du laufen willst, und kannst einfach laufen. Ohne Routenplanung müsstest du deinen Weg suchen, während du läufst. Nach wenigen Schritten müsstest du vielleicht schon stehen bleiben, um zu schauen, ob du nach links oder nach rechts abbiegen musst. Du gehst und stehst und gehst und stehst. Vielleicht verläufst du dich und musst umkehren, zurücklaufen und den richtigen Weg suchen. Das kostet dich viel Kraft und Zeit, die du besser für dein Ziel einsetzt.

Der Hauptgrund für Schwierigkeiten und Erschöpfung auf dem Weg zu deinen Zielen liegt darin, dass du aktiv wirst, bevor du darüber nachgedacht hast, was du tun willst. Anzufangen, ohne genau zu wissen, womit du anfängst und wohin das führt, was du machst, frisst zu viel Energie, weil du, während du handelst, immer wieder überlegen und entscheiden musst, ob es auch das Richtige ist, was du gerade tust. Dein Gehirn schaltet dabei ständig hin und her, zwischen *machen* und *entscheiden, was du machst*, zwischen *gehen* und *stehen*, wie auf der Alpenwanderung.

Hier in Australien gibt es ein Sprichwort unter den Handwerkern: *Measure twice, cut once.* Prüfe immer doppelt, ob du richtig gemessen hast, bevor du ein Stück Holz sägst. Andernfalls verschwendest du Zeit und Geld. Mit anderen Worten: Plane immer sorgfältig und gründlich, bevor du etwas machst. Mach's dir leichter. Entscheide dich immer zuerst, was du machst, bevor du es machst. Nimm dir dafür die Zeit. Plane im Voraus, wohin du willst, warum du dorthin willst und was du wann und wie machen wirst, um tatsächlich ans Ziel zu kommen. Und schreibe dir deinen Plan auf.

Weißt du eigentlich, dass wir Menschen als einziges Lebewesen auf der Welt weiter als 20 Minuten in die Zukunft planen können? Mehr zu dieser einmaligen und fantastischen Fähigkeit erfährst du am nächsten Info-Point.

Planung

Deine Fähigkeit zu planen ist ein einmaliges Werkzeug, das dir die Evolution geschenkt hat. Du bist dazu fähig, weit in die Zukunft zu schauen und dir über die positiven und negativen Folgen und Konsequenzen deiner Handlungen Gedanken zu machen, bevor sie eintreffen. Kein anderes Lebewesen auf dieser Welt kann das. Selbst die intelligentesten nichtmenschlichen Primaten, die Schimpansen, können nur circa 20 Minuten in die Zukunft planen. Das ist gerade mal so lange, wie der Anführer der Gruppe braucht, um satt zu werden. Erst dann dürfen alle anderen Schimpansen wagen, auch zu fressen. Ein Schimpanse würde niemals Nahrung für schlechte Zeiten zurücklegen, denn so weit kann er nicht vorausdenken. Nutze das machtvolle Werkzeug der Planung für alle deine Ziele und mache es dir damit leichter, das zu erreichen, was du dir vornimmst.

Planung bringt die Zukunft in die Gegenwart. Peter Drucker, einer der einflussreichsten US-amerikanischen Managementvordenker, sagte: *Wir können die Zukunft nicht voraussagen, aber wir können sie gestalten.* Um deine Zukunft zu gestalten, brauchst du einen Plan, so wie ein Architekt einen Plan braucht, bevor er das Haus baut. Entwerfe dir einmal einen Plan, eine Art Zukunftslandkarte, auf der du die wichtigen Vorhaben in deinem Leben einzeichnest. Welche besonderen Dinge nimmst du dir vor? Welche Gipfel willst du erreichen? Denke an deine Arbeit und die Karriere, an deine Familie, deine Freizeit und an die Dinge, die dir besonders wichtig sind.

Willst du eine Familie gründen, ein Haus bauen, einen Doktortitel erwerben, einen Führungsposten erreichen oder in die Forschung gehen, viel Geld verdienen, im Ausland leben und arbeiten, ein Buch schreiben oder eine Weltreise machen?

Deine großen Ziele sind wie Wegweiser in der Wüste. Damit findest du deinen Weg durch den Treibsand des Alltags leichter. Deine Zukunftslandkarte ist dein Masterplan für unterwegs. Darauf zeichnest du die Route deiner Aktivitäten ein. Und daraus entwickelst du kleine Detailkarten aller Aktivitäten für das laufende Jahr, für den nächsten Monat, die nächste Woche und den nächsten Tag. Damit bekommst du ein Gefühl für die Zeit und die Dinge, die du tun kannst, um deine Träume zu verwirklichen.

Menschen, die glücklich und erfolgreich leben und arbeiten, haben alle eine klare Zukunftsorientierung und überlegen sich bei allem, was sie tun oder lassen, welche Konsequenzen das für ihre größeren Lebens- und Karriereziele haben wird. Sie alle entwerfen sich eine eigene Zukunftslandkarte. Überlege gleich einmal, wie deine Zukunftslandkarte aussehen könnte. Gönne dir dazu wieder eine Atempause auf deiner Denkinsel.

Schließe die Augen. Stell dir vor, du bist an deinem Lieblingsurlaubsort. Fühle, wie deine Fußsohlen fest auf dem Boden stehen. Atme ruhig und tief ein und aus und lass deine Gedanken über deine besonderen Vorhaben im Leben fliegen.

Hier kommt einer der wichtigsten Tipps, wenn es um Planung geht. Entscheide nicht nur, was du für dein Ziel tust, sondern auch, was du nicht tust. Der deutsche Schriftsteller Kurt Tucholsky sagte: *Ein voller Terminkalender ist noch lange kein erfülltes Leben.* Es kommt nicht darauf an, besonders viel zu tun, sondern darauf, die für dich besonders wichtigen Dinge zu erledigen, die Aufgaben, die den größten und positivsten Effekt auf deine wertvollen Ziele und damit auf das Leben haben, das du leben willst. Überlege deshalb immer auch bewusst, was du sein lassen kannst, um genug Zeit für die wirklich wichtigen Dinge zu haben. Mache dir eine Not-to-do-Liste. Mehr dazu am nächsten Check-in.

Was lasse ich sein?

Widerstehe der Versuchung, kleine, unwichtige Aufgaben, die sich schnell erledigen lassen, zuerst zu bearbeiten, bevor du die wichtigen Dinge anpackst. Kleine, unwichtige Aufgaben sind wie Treibsand in der Sahara. Du gehst darin unter. Der Aufgabenfluss hört niemals auf. Je mehr Sand du schaufelst, desto mehr Sand rieselt nach. Verschwende deine Zeit und Energie nicht damit, Sand zu schaufeln. Setze Prioritäten und denke an die Worte von Mahatma Gandhi: *Action expresses priorities.* Das, was du tust, verrät deine Prioritäten. Nutze dafür deine Fähigkeit, zwischen wichtigen und unwichtigen Dingen zu unterscheiden. Notiere dir einmal alle Aktivitäten bei der Arbeit, in der Familie und in deiner Freizeit, die deine Zeit und Energie auffressen, ohne dich deinen wichtigen Zielen wirklich näher zu bringen.

Zum Beispiel zu viele unwichtige E-Mails beantworten, zu oft unerwartete Telefonanrufe entgegennehmen und jederzeit WhatsApp-Nachrichten schreiben, mehrmals am Tag die Nachrichten checken, an unnötigen Meetings teilnehmen oder häufig Leute treffen, die du eigentlich gar nicht magst. Und dann überlege dir, was davon du sein lässt, um mehr Zeit und Energie für dich und deine wichtigen Ziele zu haben.

Schreibe dir einige Stichworte auf, welche deiner Aktivitäten eigentlich unwichtig sind, und überlege dir, wie du sie am besten sein lassen kannst.

Wie startest du zum Beispiel deinen Arbeitstag? Viele Menschen checken erst einmal ihre E-Mails und die Nachrichten in den verschiedenen Social-Media-Netzwerken und beantworten viele davon »mal eben schnell«, bevor sie mit einer wichtigen strategischen Aufgabe beginnen. Das ist menschlich und verständlich, denn das zügige Abarbeiten kleiner, unwichtiger Aufgaben fühlt sich sofort an wie eine Belohnung. Du bekommst dadurch schnell ein positives Gefühl, weil du etwas erledigt hast und abhaken kannst oder weil dir jemand dafür dankt. Dabei schüttet dein Gehirn Dopamin aus und das fühlt sich gut an. Doch das ist trügerisch, denn das, was du erledigt hast, bringt dich oft nicht an dein Ziel. Außerdem hört der E-Mail- und Nachrichtenfluss niemals auf. Und plötzlich ist der Tag vorbei, ohne dass du deine wichtigen Aufgaben erledigt hast.

Welche Konsequenzen hat es beispielsweise, wenn du den Arbeitstag damit startest, deine wertvolle Energie und Zeit für die Abarbeitung unwichtiger E-Mails zu verwenden, die du auch nach dem Mittagessen oder morgen oder vielleicht sogar gar nicht beantworten kannst? Und welche Auswirkungen hat es, wenn du deine Energie und Zeit stattdessen in eine wirklich wichtige Aufgabe steckst, die dich beruflich oder privat voranbringt? Das gilt für dein ganzes Leben und für alle deine Ziele. Wenn du dich immer wieder dafür entscheidest, die unwichtigen Dinge zuerst zu machen, bevor du mit dem beginnst, was dir wirklich wichtig ist, hast du am Ende keine Zeit und keine Kraft mehr übrig, um in das Flugzeug zu steigen, das dich zu deinem Traumziel bringt.

Deshalb ist es so wichtig, Gewohnheiten, die dir und deinen Zielen im Weg stehen, zu erkennen und zu durchbrechen. Aber das ist nicht einfach. Denn was du immer und immer wieder auf die gleiche Art machst, wird zu einer starken Gewohnheit, die du nur schwer wieder durchbrechen kannst. Du entwickelst ganz schnell den Glauben: »Ich muss das aber so machen, das geht gar nicht anders«, und hältst zum Beispiel am E-Mail-Abarbeitungsmuster oder deinen Smartphone-Gewohnheiten fest.

Kennst du die Geschichte vom angeketteten Elefanten (Jorge Bucay, *Komm, ich erzähl dir eine Geschichte*, 2013, Seite 7 ff.)? Ich möchte sie dir erzählen:

Der angekettete Elefant

Als ich ein kleiner Junge war, war ich vollkommen vom Zirkus fasziniert und am meisten gefielen mir die Tiere. Vor allem der Elefant hatte es mir angetan. Wie ich später erfuhr, ist er das Lieblingstier vieler Kinder.
Während der Zirkusvorstellung stellte das riesige Tier sein ungeheures Gewicht, seine eindrucksvolle Größe und seine Kraft zur Schau. Nach der Vorstellung aber und auch in der Zeit bis kurz vor seinem Auftritt blieb der Elefant immer am Fuß an einen kleinen Pflock angekettet.
Der Pflock war allerdings nichts weiter als ein winziges Stück Holz, das kaum ein paar Zentimeter tief in der Erde steckte. Und obwohl die Kette mächtig und schwer war, stand für mich ganz

außer Zweifel, dass ein Tier, das die Kraft hatte, einen Baum mitsamt der Wurzel auszureißen, sich mit Leichtigkeit von einem solchen Pflock befreien und fliehen konnte.
Dieses Rätsel beschäftigt mich bis heute. Was hält ihn zurück? Warum macht er sich nicht auf und davon?
Als Sechs- oder Siebenjähriger vertraute ich noch auf die Weisheit der Erwachsenen. Also fragte ich einen Lehrer, einen Vater oder Onkel nach dem Rätsel des Elefanten. Einer von ihnen erklärte mir, der Elefant mache sich nicht aus dem Staub, weil er dressiert sei.
Meine nächste Frage lag auf der Hand: »Und wenn er dressiert ist, warum muss er dann noch angekettet werden?«
Ich erinnere mich nicht, je eine schlüssige Antwort darauf bekommen zu haben. Mit der Zeit vergaß ich das Rätsel um den angeketteten Elefanten und erinnerte mich nur dann wieder daran, wenn ich auf andere Menschen traf, die sich dieselbe Frage irgendwann auch schon einmal gestellt hatten.
Vor einigen Jahren fand ich heraus, dass zu meinem Glück doch schon jemand weise genug gewesen war, die Antwort auf die Frage zu finden:
Der Zirkuselefant flieht nicht, weil er schon seit frühester Kindheit an einen solchen Pflock gekettet ist. Ich schloss die Augen und stellte mir den wehrlosen neugeborenen Elefanten am Pflock vor. Ich war mir sicher, dass er in diesem Moment schubst, zieht und schwitzt und sich zu befreien versucht. Und trotz aller Anstrengung gelingt es ihm nicht, weil dieser Pflock zu fest in der Erde steckt.
Ich stelle mir vor, dass er erschöpft einschläft und es am nächsten Tag gleich wieder probiert, und am nächsten Tag wieder, und am nächsten ... Bis eines Tages, eines für seine Zukunft verhängnisvollen Tages, das Tier seine Ohnmacht akzeptiert und sich in sein Schicksal fügt.
Dieser riesige, mächtige Elefant, den wir aus dem Zirkus kennen, flieht nicht, weil der Ärmste glaubt, dass er es nicht kann.
Allzu tief hat sich die Erinnerung daran, wie ohnmächtig er sich kurz nach der Geburt gefühlt hat, in sein Gedächtnis eingebrannt. Und das Schlimme dabei ist, dass er diese Erinnerung nie wieder ernsthaft hinterfragt hat.
Nie wieder hat er versucht, seine Kraft auf die Probe zu stellen.

Vielen von uns geht es so wie dem Zirkuselefanten. Unsere Erfahrungen im Alltag haben uns gelehrt, dass wir irgendetwas so machen müssen, wie wir es schon immer gemacht haben. Glaubenssätze wie »Ich muss das aber so machen, das geht gar nicht anders« halten uns davon ab, auszuprobieren, ob wir etwas auch anders machen können oder nicht. Und wenn wir uns dann einmal überwinden, es doch zu probieren, dann versuchen wir es oft genug nur halbherzig. Um die Bestätigung zu erhalten, dass es eben doch nicht anders funktioniert, und damit die Berechtigung für unsere Gewohnheiten zu erhalten. Dein ganzer Einsatz ist gefordert, um ein Verhalten, das dir zur hinderlichen Gewohnheit wurde, zu durchbrechen. Mach hier schon einmal den Anfang mit einer kleinen Änderung deiner Blickrichtung.

Ersetze den Gedanken »Ich muss das aber so machen, das geht gar nicht anders« durch die Haltung »Ich entscheide mich dafür, es anders auszuprobieren«. Diese einfache Technik hilft dir bei der Erinnerung daran, dass du frei bist zu wählen, was du machst und welche Aufgabe du zuerst erledigst. Mehr dazu, wie es dir leichter gelingt, deinen Gewohnheitspflock aus der Erde zu reißen, um beruflich voranzukommen und ein erfülltes Leben zu leben, erfährst du im dritten Teil des Holiday-Prinzips.

Planung ist die dritte Säule des Holiday-Prinzips. Planst du heute, was du morgen für dein Ziel tun wirst, arbeitet dein Gehirn die ganze Nacht unbewusst für dich und deine Ziele und du sparst morgen viel Zeit und Energie.

Im zweiten Teil des Holiday-Prinzips erkundest du drei einfache Planungsstrategien, mit denen du deine Wirksamkeit bei der Zielverfolgung enorm erhöhst. So viel schon vorab: Es geht ums Kofferpacken, darum, mehr zu erreichen, indem du weniger arbeitest, und um schlechtes Wetter.

Jetzt schauen wir aber erst einmal auf die vierte Säule des Holiday-Prinzips: Auf dein Vertrauen darauf, dass du dein Ziel erreichen kannst. Du kennst das wahrscheinlich von vielen deiner früheren Reisen zu einem Ziel.

FAZIT

Plane für dein Ziel wie für deinen Urlaub

- Der sicherste Weg, deine Ziele genauso leicht zu verwirklichen wie deinen Urlaub, ist: Mach dir einen Plan!
- Die wirksamste Methode, ein Ziel zu erreichen, ist die, heute schon für morgen zu planen, dir aufzuschreiben, was du machst, und zu überlegen, was du sein lässt.
- Der Schlüssel zum Erfolg ist: Starte jeden Tag mit der wichtigsten Aufgabe für dein wichtigstes Ziel.

Plane immer auf Papier. Halte deinen Plan einfach. Schreibe auf, was du wann und wie machst und was du sein lässt. Widerstehe der Versuchung, unwichtige Aufgaben, die sich schnell erledigen lassen, zuerst zu bearbeiten. Die wichtigen Dinge haben immer Vorrang. Hake ab, was du erledigt hast.

Wenn die Zielerreichung in weiter Ferne liegt und der Weg zum Ziel holprig wird, fällt es manchmal schwer, den Glauben an sich selbst und an sein Ziel zu behalten. Doch auch dafür gibt es Tipps.

4. Vertrauensquelle

Mit dem Glauben an dich selbst und an deine Fähigkeiten kannst du Berge versetzen.

Heureka, wie vertrauen wir darauf, dass wir auch dieses Jahr wieder Urlaub machen werden! Komme da, was wolle. Wir glauben daran, dass uns die Urlaubsbelohnung sicher ist, auch wenn wir monatelang darauf warten müssen. Ob Badeurlaub im August oder Skiferien im Dezember, ob Städtetrip an Ostern oder die USA-Reise im nächsten Jahr – bei unserem Urlaub sind wir felsenfest davon überzeugt, dass wir ihn verwirklichen.

Wir haben gelernt, dass die Urlaubzeit jedes Jahr so sicher kommt wie das Amen in der Kirche. Selbst wenn wir aufgrund von unvorhergesehenen Vorkommnissen zu Hause, auf dem Balkon oder im Schrebergarten Urlaub machen »müssen«, freuen wir uns darauf und arbeiten darauf hin, ohne daran zu zweifeln, dass wir uns die wertvollste Zeit im Jahr schön machen werden. Es gelingt uns sogar, bis zum Urlaub auf Annehmlichkeiten und auf Freizeit zu verzichten, um Urlaubstage und Geld anzusparen.

Wie toll wäre es, wenn du das gleiche Vertrauen in dich und in deine Fähigkeiten, dein Ziel zu erreichen, bei jedem deiner Ziele hättest. Mit dem Holiday-Prinzip gelingt das. Egal, ob du einen neuen Job willst oder einen Masterabschluss, ob du eine neue Sprache lernen oder Wohlfühlgewicht erreichen willst, der Schlüssel dafür ist deine Selbstwirksamkeitsüberzeugung, das heißt die Überzeugung, dass du aufgrund deiner Fähigkeiten das, was du dir vornimmst, auch erfolgreich umsetzen kannst. Glaubst du daran, selbst etwas tun zu können, um voranzukommen und dein Ziel zu verwirklichen, daran, dass du selbst wirksam bist, steigt die Chance, dein Ziel tatsächlich zu erreichen.

Denke wieder an dein Ziel. Vielleicht versuchst du seit einigen Wochen, dich mehr zu bewegen oder gesünder zu essen, um dein Wohlfühlgewicht zu erreichen. Oder du willst einen Lernplan einhalten, um die Masterprüfung im Herbst zu bestehen, oder dich in Meditation üben und achtsamer leben. Schätze zuerst ein, wie wichtig es dir ist, etwas für dein Ziel zu tun. Verwende dazu eine Skala von »1« (unwichtig) bis »10« (sehr wichtig).

1 2 3 4 5 6 7 8 9 10

Wie wichtig ist es mir, etwas für meine Ziele zu tun?

Und jetzt schätze einmal ein, wie zuversichtlich du bist, das, was du dir vornimmst, auch tatsächlich umzusetzen? Nutze wieder eine Skala von »1« (gering) bis »10« (hoch).

1 2 3 4 5 6 7 8 9 10

Wie zuversichtlich bin ich, das, was ich mit vornehme, auch umzusetzen?

Wenn es dir wichtig ist, etwas für dein Ziel zu tun, dich zum Beispiel mehr zu bewegen, und wenn du zuversichtlich bist, dass du das, was du dir vornimmst, auch erfolgreich umsetzen kannst, hast du die besten Voraussetzungen, um auch tatsächlich am Ziel anzukommen. Das ist so wie bei deinem Urlaub. Der ist wichtig für dich, und es ist dir wichtig, alles dafür zu tun, damit der Urlaub klasse wird. Wenn es dir so geht wie den meisten Menschen, dann ist dein Urlaub eine glatte »10«. Außerdem bist du sehr zuversichtlich und glaubst daran, dass du alles machen wirst, um einen tollen Urlaub zu verwirklichen. Also noch einmal eine volle »10«. Bei deinem Urlaub gelingt dir das, weil du schon von klein auf Urlaub machst – mit deiner Familie, mit anderen oder allein. Du hast über viele Jahre hinweg selbst die Erfahrung gesammelt, dass dein Urlaub stattfindet und dass du auch tatsächlich umsetzt, was du dir vornimmst, dafür zu tun.

Wenn du bei deinen Urlaubszielen davon überzeugt sein kannst, dass du sie verwirklichst, dann kannst du das auch bei deinen Zielen im Alltag. Du kannst sogar direkt Einfluss darauf nehmen, wie stark du an dich, an deine Fähigkeiten und an dein Ziel glaubst. Du kannst deine Selbstwirksamkeitsüberzeugung erhöhen.

Alle erfolgreichen Menschen sind überzeugt davon, dass sie in der Lage sind, trotz Hindernissen ihre Ziele zu verwirklichen. Sie alle haben eine hohe Selbstwirksamkeitsüberzeugung und machen etwas erdenklich Einfaches dafür: Sie beobachten sich selbst. Mehr darüber erfährst du am nächsten Check-in.

Wie selbstwirksam bin ich?
Du kannst deine Selbstwirksamkeit für jedes deiner Ziele stärken. Denke zunächst an dein Ziel. Zum Beispiel an den Mastertitel und deinen Lernplan für die Prüfungsvorbereitung oder an das Wohlfühlgewicht und deinen Plan, dich mehr zu bewegen und gesünder zu essen. Jetzt beobachte dich selbst und beantworte dir regelmäßig, am besten täglich, vier einfache Fragen:

1. *Was gelingt mir im Zusammenhang mit meinem Ziel gut? Was habe ich heute erreicht?*
2. *Wer in meinem Umfeld glaubt an mich und traut mir zu, dass ich mein Ziel erreiche?*
3. *Wer in meinem Umfeld – aus dem Kreis meiner Freunde, Familie oder Arbeitskollegen – meistert ähnliche Ziele gut?*
4. *Welche Körperhaltung habe ich und wie atme ich, während ich etwas für mein Ziel mache?*

Welches Ziel verfolgst du? Was willst und kannst du dafür tun? Beobachte dich selbst und schreibe zu jeder der vier Fragen im Zusammenhang mit deinem Ziel einige Stichworte auf. Nimm dazu wieder dein Notizbuch oder deine Smartphone-Notes zur Hand. Mit der Übung schöpfst du aus den vier Quellen der Selbstwirksamkeit und kannst direkten Einfluss auf deine Selbstüberzeugung nehmen.

Schreibe dir täglich einige Punkte zu deiner Selbstwirksamkeit in dein Notizbuch oder in deine Smartphone-Notes.

Die 4 Quellen der Selbstwirksamkeit

1. Eigene Erfolgserlebnisse:
Achte bewusst auf das, was gut funktioniert. Sammle täglich kleine Erfolgserlebnisse. Beantworte dazu die folgenden Fragen: Hast du ähnliche Situationen schon erfolgreich bewältigt? Was gelingt dir aktuell ganz gut? Welche Hindernisse hast du bereits gut gemeistert? Was hast du schon erreicht? Wo stehst du heute im Vergleich zu gestern?

2. Ermutigung durch andere:
Umgib dich bewusst mit Menschen, die an dich glauben. Sammle jeden Tag kleine Ermutigungen. Menschen, die du magst, die an dich glauben und die dir zutrauen, dass du dein Ziel erreichst, stärken deine Selbstwirksamkeitsüberzeugung. Die einfache Formel lautet: Fremdvertrauen fördert Selbstvertrauen.

3. Stellvertretende Erfahrungen:
Sammle täglich stellvertretende Erfahrungen. Meistern Menschen in deiner Umgebung, die du magst und die in etwa die gleichen Fähigkeiten haben wie du, vergleichbare Herausforderungen, dann wird es wahrscheinlicher, dass auch du dir das zutraust. Achte bewusst auf solche Menschen. Das stärkt deine Selbstwirksamkeitsüberzeugung.

4. Körperhaltung und Atmung:
Spannst du dich beim Gedanken an das, was du für dein Ziel tun willst, körperlich an und atmest du dann flach, führt das zu emotionalen Reaktionen wie Abneigung gegenüber dieser Tätigkeit. Gefühle der Abneigung können schnell zu Selbstzweifeln und damit zu einem geringeren Zutrauen in deine Fähigkeiten führen. Dann fragst du dich, ob du dein Ziel überhaupt erreichen kannst. Steigere deine Selbstwirksamkeitsüberzeugung, indem du besonders in schwierigen Momenten bewusst auf eine aufrechte Körperhaltung und eine ruhige und tiefe Atmung achtest.

Denkst du an Urlaub, funktioniert das alles automatisch. Beim Urlaub nimmst du ganz unbewusst Einfluss auf deine Selbstwirksamkeit. Selbst wenn du eine wirklich herausfordernde Reise planst, zum Beispiel die dreiwöchige Trekkingtour durch Nordschweden, bist du sehr zuversichtlich und überzeugt davon, dass du sie erfolgreich durchführen wirst – weil du automatisch überlegst, welche schwierigen Situationen du auf früheren Reisen schon erfolgreich bewältigt hast. Weil du mit Menschen redest, die ähnliche Touren schon einmal gemacht haben. Weil du Zuspruch von Freunden bekommst: »Das ist toll, du schaffst das!« Und weil dein Körper auf deine Freude beim Planen und Vorbereiten mit einer aufrechten Körperhaltung und einer ruhigen Atmung reagiert. Das wiederum meldet deinem Gehirn, dass es dir gut geht und du Lust auf den Urlaub hast. Deine Lust fokussiert deine Aufmerksamkeit und deine Energie auf dein Ziel.

Der Körper wirkt auf dein Wohlbefinden. Du fühlst dich gut, wenn du dich freust, und du freust dich, wenn du dich gut fühlst. So einfach ist das. Charlie Brown von den Peanuts hat das so schön auf den Punkt gebracht:

Wenn er sich deprimiert fühlt, dann steht er gebückt und mit hängendem Kopf da. Und es ist ungeheuer wichtig, diese bestimmte Haltung einzunehmen, wenn man deprimiert ist. Denn das Verkehrteste, was man tun kann, ist aufrecht und mit erhobenem Haupt dazustehen, weil man sich dann sofort besser fühlt. Wenn man also etwas von seiner Niedergeschlagenheit haben will, dann muss man gebeugt und mit hängendem Kopf dastehen.

So Charlie Brown. Das ist Weltklassephilosophie und zudem neuropsychologisch erwiesen. Charlie Brown hat recht. Dein Körper wirkt genauso auf deinen Geist, wie dein Geist auf deinen Körper wirkt. Nutze diese geniale Wechselwirkung regelmäßig und besonders dann, wenn es unterwegs zum Ziel schwierig wird, wenn etwas nicht so klappt, wie du dir das vorstellst, und du niedergeschlagen bist. Nehme bewusst eine aufrechte Körperhaltung ein und atme ruhig und tief ein und aus. Genau so, als ob es dir gut ginge. Eine Minute mehrmals am Tag reicht aus. Mit dieser »Tu so, als ob«-Methode bringst du dich wieder in eine starke, selbstvertrauende innere Haltung. Die einfache Frage, mit der du dich jeden Tag daran erinnern kannst, lautet: Welche Körperhaltung habe ich und wie atme ich? Probiere das doch gleich einmal aus. Gehe dazu wieder auf deine Denkinsel. Eine Minute genügt – aber du kannst natürlich auch länger dort bleiben, wenn du willst.

Schließe die Augen. Stell dir vor, du bist an deinem Lieblingsurlaubsort. Fühle, wie deine Fußsohlen fest auf dem Boden stehen. Achte auf eine aufrechte Körperhaltung. Atme ruhig und tief ein und aus und denke an dein Ziel.

Mach's dir leichter. Mach's genauso wie bei deinem Urlaub, wenn es um deine Ziele im Alltag geht. Achte auf eine aufrechte Körperhaltung und eine ruhige Atmung. Überlege, welche ähnlichen Herausforderungen du schon gemeistert hast. Rede mit Menschen, die vergleichbare Ziele schon erreicht haben. Und hole dir Zuspruch von deinen Freunden.

Zuspruch von Freunden stärkt dich. Achte bewusst darauf, mit welchen Menschen du dich im Alltag triffst. Denke wieder an deinen Urlaub. Würdest du deine wertvolle Urlaubszeit mit Menschen verbringen, die du nicht magst und die dir laufend sagen »Fahre da nicht hin, das ist zu gefährlich« oder »Lass das lieber sein, das klappt sowieso nicht«? Umgib dich im Alltag, so wie du das im Urlaub machst, mit Menschen, die dich ermutigen, deine Ziele umzusetzen. Menschen, die an dich und daran glauben, dass du deine Ziele verwirklichen kannst, weil sie vielleicht schon ähnliche Ziele erreicht haben und den Weg einschätzen können.

Überlege gleich einmal, mit welchen Menschen du dich während der Arbeit, in der Familie und in der Freizeit umgibst. Sind das Freunde, Familienmitglieder und Kollegen, die an dich glauben und dir zutrauen, dass du dein Ziel erreichst? Menschen, die dich ermutigen weiterzumachen, auch wenn es einmal nicht klappt? Freunde, die dir zuhören, wenn du erzählst, warum du dein Ziel erreichen willst, was du für dein Ziel tust und wie es dir gerade geht? Triffst du dich mit Menschen, die du magst? Deine Zeit im Alltag ist genauso wertvoll wie deine Urlaubszeit. Du hast nur das eine Leben. Verbringe die Zeit mit Menschen, auf die du dich freust und die dich unterstützen. Frage dich regelmäßig: Mit welchen Menschen treffe ich mich? Schon diese Frage macht dich sensibel dafür, welche Menschen in deinem Umfeld dir Kraft und Zuversicht geben.

Eigene Erfolge stärken dein Selbstvertrauen. Frage dich jeden Tag, was du für dein Ziel getan hast und was dir gut gelungen ist. Damit lenkst du deine Energie auf deine Fähigkeiten und Erfolge. Eine Minute am Abend reicht dafür aus. Nehme dir die vielleicht wichtigsten 60 Sekunden am Tag und schreibe dir deine Antwort in dein Notizbuch oder deine Smartphone-Notes. Im Urlaub machst du das automatisch. Nach einem schönen Urlaubstag sitzt du abends allein oder zusammen mit deinem Reisepartner und lässt noch einmal die Erlebnisse und Bilder des Tages Revue passieren. Du denkst darüber nach, was heute besonders toll war, und schreibst vielleicht noch ein paar Zeilen in dein Reisetagebuch oder eine WhatsApp mit Fotos an deine Freunde und Familie zu Hause. Und dann schläfst du mit einem guten Gefühl ein. Mache das auch im Alltag auf den Reisen zu deinen Zielen.

Erinnere dich mit einer einfachen Frage täglich daran, deine kleinen und großen Erfolge zu sammeln: Was habe ich heute für mein Ziel getan und was ist mir gut gelungen?

Den größten Einfluss auf dein Vertrauen in dich und deine Fähigkeiten, deine Ziele erreichen zu können, haben eigene Erfolge, die du im Laufe deines Lebens sammelst. Dabei ist es nicht wichtig, wie klein oder groß das Erfolgserlebnis ist oder war. Entscheidend ist, dass du es aus eigener Kraft mit deinen eigenen Fähigkeiten geschafft hast. Mehr dazu am nächsten Info-Point.

Selbstwirksamkeit

Die Wurzel der Selbstwirksamkeitsüberzeugung, das heißt der Überzeugung, etwas aus eigener Kraft bewirken zu können, ist die Erfahrung, einer Situation mit allen Anforderungen gewachsen zu sein. Je häufiger du die Erfahrung machst, dass du mit deinen eigenen Fähigkeiten das, was du dir vornimmst, auch erfolgreich verwirklichst, desto (selbst-)sicherer und zuversichtlicher gehst du an die Umsetzung deiner neuen Ziele heran. Die ersten dieser Selbstwirksamkeitserfahrungen machst du schon sehr früh im Leben. Wir Menschen kommen mit einer Funktionslust auf die Welt. Schon als Baby und kleines Kind probierst du vieles aus und freust dich, wenn dir gelingt, was du machen möchtest. Je mehr deine Eltern zuließen, dass du eigene Erfahrungen sammeln konntest, desto reicher ist heute dein Schatz an Selbstwirksamkeitserfahrungen und desto stärker ist dein Vertrauen in deine eigenen Fähigkeiten. Ist dein Ziel wichtig für dich und glaubst du daran, dass du dein Ziel mit hoher Wahrscheinlichkeit erreichst, steigen die Chancen, dass du wirklich am Ziel ankommst.

Um dein Vertrauen in dich selbst und in deine Fähigkeiten zu stärken, gibt es noch einen weiteren wertvollen Tipp: Achte darauf, wie du mit dir selbst sprichst!

Wir alle führen ständig unbewusst stumme Selbstgespräche, denn wir können unsere Gedanken und Gefühle nicht einfach abstellen. Wir können aber bewusst Einfluss darauf nehmen, ob wir unfreundlich oder freundlich mit uns selbst sprechen. Mit netten Worten stärkst du dein Selbstvertrauen, mit tadelnden Worten schwächst du das Vertrauen in dich selbst. So einfach ist das. Denke deshalb immer daran: Spreche freundlich mit dir selbst! Nutze den Dialog mit dir selbst als Technik, um dich durch freundliche Worte in eine selbstvertrauende Stimmung zu bringen.

Denke daran, wie dir das bei deinem Urlaub gelingt. Selbst wenn in der Zeit bis zum Urlaub gerade wieder einmal alles zu viel wird, sich im Job die Deadlines und Aufgaben häufen und in der Familie der Ausnahmezustand herrscht, zweifelst du nicht an deinem Urlaub. Im Gegenteil. Wenn es besonders stressig wird, sprichst du sehr nett mit dir selbst: »Himmel, wie freue ich mich auf meinen Urlaub! Den habe ich mir wirklich verdient und bis dahin halte ich durch.« Am nächsten Check-in erfährst du mehr über die Technik des freundlichen Selbstgesprächs.

Wie spreche ich mit mir selbst?

Achte einmal bewusst darauf, wie du über dich selbst denkst und wie du mit dir selbst sprichst. Schreibe dir einige freundliche und für dich hilfreiche Sätze in dein Notizbuch oder deine Smartphone-Notes. Sätze, die dir im Zusammenhang mit deinen wichtigen Zielen helfen werden, Durststrecken und Zweifel unterwegs zu überwinden. Ist dein Ziel der nebenberufliche Masterabschluss und besteht dein Weg dahin in drei zweistündigen Lerneinheiten pro Woche, können diese hilfreichen Sätze zum Beispiel so aussehen:

- *Ich schaffe das. (Ich kann das. Ich traue mir das zu.)*
- *Ich habe die Kraft. (Ich habe die Ausdauer.)*
- *Mir macht lernen Spaß. (Mir fällt lernen leicht.)*
- *Ich freue mich auf meinen Masterabschluss.*
- *Meine Familie (mein Partner) steht hinter mir.*

Merkst du, wie diese kleinen freundlichen und hilfreichen Sätze sofort eine positive Wirkung auf dich haben, wenn du sie zu dir sprichst? Am besten trägst du deine hilfreichen Sätze immer bei dir, und wenn du in einem schwachen Moment glaubst, dass dir die Kraft ausgeht, dass du die Schritte zu deinem Ziel nicht mehr schaffst, liest du dir die Sätze selbst laut vor. Denke daran: Mit der Technik des freundlichen Selbstgesprächs bringst du dich in eine selbstvertrauende Stimmung und hältst damit deine Freude am Ziel und deine Motivation stark.

Achte darauf, deine hilfreichen Sätze kurz und immer positiv zu formulieren. Und lerne mit weniger hilfreichen Sätzen, die du vielleicht früher häufiger von Lehrern oder Chefs gehört hast, so umzugehen, dass sie dir und deinem Selbstvertrauen heute nichts mehr anhaben können. Sätze wie zum Beispiel »Das schaffst du nicht«, »Das kannst du nicht«, »Das ist zu viel für dich«, »Du bist zu schwach«, »Du musst perfekt sein«, »Zeig bloß keine Schwäche« etc. sind sehr hartnäckig. Wir können diese (Glaubens-)Sätze nicht einfach vergessen oder unterdrücken. Versuchen wir es, poppen sie oft gerade in den Situationen mit voller Wucht wieder auf, in denen sie uns am meisten schaden. Eine einfache und wirksame Technik hilft dir, dass das nicht passiert.

Immer dann, wenn du merkst, dass sich ein wenig hilfreicher Satz lautstark bei dir meldet, kannst du zu dir selbst sagen: »Ich merke, dass ich denke, dass …« Zum Beispiel: »Ach schau an, ich merke, dass ich gerade wieder denke, dass ich perfekt sein muss« oder »Ach schau an, da ist sie wieder, meine Ich-muss-perfekt-sein-Geschichte«.

Mache das regelmäßig und konsequent, jedes Mal, wenn du merkst, dass sich ein alter, wenig hilfreicher Glaubenssatz bei dir meldet. Durch diese einfache Distanzierungsübung wirst du dich sofort leichter und besser fühlen, denn dadurch machst du dir bewusst, dass du nicht der Gedanke bist, den du gerade denkst. *Du* denkst deine Gedanken und kannst dich immer entscheiden, welchen Gedanken du lauter und welchen du leiser drehst – so wie du den Ton leise drehst, wenn im Radio Werbung kommt.

Gönne dir noch einmal eine kleine Atempause auf der Denkinsel, bevor du weiterliest. Eine Minute reicht aus.

Schließe die Augen. Stell dir vor, du bist an deinem Lieblingsurlaubsort. Fühle, wie deine Fußsohlen fest auf dem Boden stehen. Atme ruhig und tief ein und aus und lass deine Gedanken über das fliegen, was du im Leben schon alles erreicht hast.

Ein starkes Selbst- und Zielvertrauen ist die vierte Säule des Holiday-Prinzips. Glaubst du an dein Ziel und daran, dass du es mit deinen Fähigkeiten verwirklichen kannst, steigt die Chance, dein Ziel tatsächlich zu erreichen. Denke an deinen Urlaub. Du vertraust dir und darauf, dass die Urlaubsbelohnung sicher kommt. Deshalb kannst du auf den Urlaub warten, und es fällt dir leicht, etwas dafür tun.

FAZIT

Vertraue auf dein Ziel wie auf deinen Urlaub

- Fange heute damit an, täglich auf das zu achten, was dir in Verbindung mit deinem Ziel gut gelingt, und schreibe es dir auf.
- Treffe dich ab heute mehr mit Menschen, die an dich und daran glauben, dass du deine Ziele erreichen kannst.
- Achte täglich auf eine aufrechte Körperhaltung und eine ruhige und tiefe Atmung, wenn du etwas für dein Ziel machst.
- Praktiziere ab heute regelmäßig die Technik des freundlichen Selbstgesprächs. Schreibe dir dazu einige hilfreiche Sätze auf und nutze sie täglich.

Je stärker du davon überzeugt bist, dass du mit deinen Fähigkeiten erreichen kannst, was du dir vornimmst, desto sicherer verwirklichst du dein Ziel. Stärke deine Überzeugung, dass du selbst wirksam bist. Sammle eigene Erfolgserlebnisse, Ermutigungen von anderen und lerne aus den Erfahrungen anderer. Achte auf deine Körperhaltung und auf deine Atmung und schreibe dir deine Gedanken und Ideen auf.

Im zweiten Teil des Holiday-Prinzips lernst du zwei einfache und wirksame Strategien kennen, mit denen du dir auf dem Weg zu deinen Zielen das Vertrauen in dich und dein Ziel immer wieder bewusst machen kannst. Vorweg vielleicht schon so viel: Dabei geht es hauptsächlich darum, es dir gut gehen zu lassen. Denn geht es dir gut, traust du dir mehr zu. Das ist wie im Urlaub – da geht es dir gut, da setzt du um, was du dir vornimmst.

Im nächsten Kapitel erkundest du aber erst einmal die fünfte und letzte Säule des Holiday-Prinzips: Lerne von deinen früheren Reisen zu einem Ziel. Du hast in deinem Leben, im Beruf und in der Familie, schon so vieles vorangebracht und erreicht – die Erfahrungen, wie du das geschafft hast, sind ein wertvoller Schatz für deinen weiteren Lebensweg und den Weg zu deinen neuen Zielen.

5. Lernfeld

Wir alle stehen heute da, wo wir stehen, weil wir die Schritte gegangen sind, die wir gegangen sind.

Hervorragend, wie lernbereit wir sein können, wenn es um unseren Urlaub geht! Selbstkritisch hinterfragen wir, ob unser Urlaub so schön war, wie wir ihn uns vorgestellt haben. Und wehe, wenn nicht! Dann gehen wir ins Detail und prüfen, woran es gelegen hat. Haben wir nicht anständig geplant oder uns nicht gut vorbereitet? Waren wir zur falschen Zeit am falschen Ort oder mit den falschen Leuten unterwegs? Wollten wir zu viel oder zu wenig, haben wir das Budget nicht richtig berechnet, die falsche Airline oder das falsche Hotel gewählt? Die alles entscheidende Frage, die wir unter allen Umständen klären wollen, lautet aber: Was müssen wir machen, damit der nächste Urlaub super wird?

Wie ist das bei deinen Zielen im Alltag? Nutzt du deine Bereitschaft und deine Fähigkeit dazuzulernen auch für deine Arbeits- und Karriereziele, für die Ziele in der Familie und in der Freizeit? Alle erfolgreichen Menschen tun das, sie lernen aus ihren Erfahrungen. Du kannst die gleiche Kraft für deine neuen Ziele aus deinen Erfahrungen bei der Umsetzung früherer Ziele ziehen, wie du sie auch aus deinen Urlaubserfahrungen für den nächsten Urlaub ziehst. Mit dem Holiday-Prinzip gelingt das. Der Schlüssel dazu ist: Erzähle von deinem Ziel!

Denkst du an Urlaub, ist es für dich ganz normal, deinen Freunden, der Familie oder den Arbeitskollegen von deiner Reise zu erzählen, deine Erlebnisse und Erfahrungen zu teilen und Fotos zu zeigen. Du tauschst Erfahrungen aus, schreibst dir auf, was gut geklappt hat und was du beim nächsten Mal anders machst. Dein Urlaub ist dir so wichtig, dass du bereit bist, aus Fehlern und den Dingen, die nicht geklappt haben, zu lernen. Es ist dir klar, dass trotz guter Planung und Vorbereitung nicht immer alles funktionieren kann, und du willst für den nächsten Urlaub unbedingt dazulernen. Fange heute damit an, dies für deine Ziele im Alltag genauso zu machen. Erzähle von deinen Zielen.

Wem erzähle ich von meinem Ziel?

Überlege einmal, welchen Menschen du vertraust, wen du magst und für seine offenen Worte schätzt. Welchem Freund oder Arbeitskollegen, welchem Familienmitglied oder Bekannten kannst und willst du von deinen Zielen erzählen? Bei wem hast du ein gutes Gefühl bei dem Gedanken, über deine Erlebnisse zu berichten? Rufe denjenigen an, trefft euch bald und erzähle deine Geschichte. Nutze sechs Fragen zur Orientierung:

1. *Was will ich erreichen und warum?*
2. *Wie sieht mein Weg aus und wo stehe ich aktuell?*
3. *Was erlebe ich unterwegs und wie geht es mir?*
4. *Was fordert mich besonders heraus?*
5. *Was gelingt mir gut?*
6. *Wie sieht mein nächster Schritt aus?*

Frage auch danach, wie es dem Freund bei der Verwirklichung seiner Ziele geht, welche Erlebnisse und Erfahrungen er sammelt und was ihm einfällt, wenn er dir und deiner Geschichte zuhört.

Wir alle stehen heute da, wo wir stehen, weil wir die Schritte gegangen sind, die wir gegangen sind. Deine Erfahrungen, deine Geschichten, deine Anstrengungen haben dich hierhergebracht. Was hast du unterwegs gelernt? Was machst du bei der nächsten Zielumsetzung genauso? Was machst du anders? Was haben deine Freunde aus deren Erfahrungen und Geschichten und Anstrengungen gelernt? Was machen sie beim nächsten Mal anders? Hier in Australien, wo ich seit 2016 lebe, erzählt jeder seine Geschichte. *Everybody has a story to tell.* In jedem Pub, auf jedem Campground, ja sogar im Bus oder auf der Straße erzählt man sich seine Geschichte. Erzähle auch du deine Geschichte.

Erzählung

Die Methode der Erzählung, oder einfach gesagt, einander etwas zu erzählen wird seit Menschengedenken dazu genutzt, um das Leben zu beschreiben, es besser zu verstehen, zu erklären und zu verändern. Sobald du die Geschichte von deinem Ziel erzählst, strukturieren sich deine Gedanken und Gefühle und erhalten einen Sinn. Erzählst du deine Geschichte, werden dir viele Zusammenhänge deutlich. Dadurch siehst du klarer, wo dein Weg verläuft.

Erzähle von den Dingen, die dir gut gelingen, und von den Dingen, die weniger gut klappen. Egal, ob du bei deiner Zielumsetzung gerade großen Herausforderungen oder großen Erfolgen gegenüberstehst – wenn du davon erzählst, wirst du daraus für deine zukünftigen Schritte dazulernen. Schreibe dir die Gedanken und Impulse, die du aus deinen Gesprächen ziehst, auch auf. Nutze dafür wieder dein Notizbuch oder die Smartphone-Notes.

Denke an deine letzte Unterhaltung über deine Ziele und schreibe dir einige Stichworte dazu auf. Was hat dich im Gespräch überrascht, was hat dich weitergebracht?

Denke daran, wie du das bei deinem Urlaub machst. Zurück von der Reise, berichtest du mit leuchtenden Augen von den schönen Erlebnissen und warnst vor dem weniger Angenehmen. Du machst das sogar, während du im Urlaub bist. Du erzählst fremden Menschen, die du unterwegs triffst, woher du kommst, was du hier gerade machst und wohin du gehst. Du fragst die Menschen, die du triffst, woher sie kommen, was sie machen und wohin sie gehen. Du tauschst Erfahrungen aus, gibst Tipps und bist froh über Hinweise, die deinen Urlaub noch schöner machen.

Nutze die Methode der Erzählung und des Austauschs mit anderen für alle deine Ziele – so, wie du das im Urlaub ganz selbstverständlich tust. Lerne aus deinen Erfahrungen und aus den Erfahrungen anderer und mach dir dein Leben damit leichter.

Es kommt vor, dass es aber niemanden gibt, dem man seine Ziele und seine Geschichte anvertrauen will. Was machst du, wenn du gerade keinen in deiner Nähe hast, dem du von deinem Ziel und deinem Weg dahin erzählen kannst? Die Antwort ist einfach: Erzähle dir deine Geschichte selbst.

Nutze deine Vorstellungskraft, dich selbst als Gesprächspartner und die »Tu so, als ob«-Methode. Tu so, als ob du deine Geschichte einem Freund, einem Bekannten oder vielleicht auch einem Coach erzählst. Obwohl im Gespräch mit dir selbst der direkte Austausch mit anderen fehlt, strukturieren sich deine Gedanken und Gefühle dabei genauso. Zusammenhänge werden deutlich und du siehst klarer. Schreibe dir deine Geschichte auf. Nutze die Kraft des geschriebenen Wortes, um aus deinen eigenen Erfahrungen zu lernen.

Jetzt ist es aber wieder einmal Zeit für die Insel. Gönne dir eine Auszeit auf deiner Denkinsel. Eine Minute genügt. Du kannst natürlich auch länger Inselurlaub im Alltag machen, wenn du möchtest.

Schließe die Augen. Stell dir vor, du bist an deinem Lieblingsurlaubsort. Fühle, wie deine Fußsohlen fest auf dem Boden stehen. Atme ruhig und tief ein und aus und lass deine Gedanken über deine Geschichte fliegen.

Erfinde das Rad nicht bei jedem deiner Ziele neu. Lerne aus deiner Erfahrung, was bislang funktioniert hat, und greife darauf zurück. Erinnere dich aber auch daran, was bisher nicht funktioniert hat, und probiere beim nächsten Mal etwas anderes.

Holiday-Check

Hast du Lust auf einen Holiday-Check? In einem Selbsttest findest du heraus, wie häufig du die fünf Willenskraftfähigkeiten *freuen, konzentrieren, planen, vertrauen* und *lernen* bereits bewusst einsetzt, um deine Ziele im Beruf, in Familie und Freizeit zu verwirklichen, und wie du dein Potenzial noch besser entfaltest. Hinterfrage dich auf dem Weg zu deinen Zielen regelmäßig selbst und prüfe, wie gut es dir gelingt, deine ganze Aufmerksamkeit auf das zu richten und für das einzusetzen, was dir wichtig ist.

Beantworte dazu die folgenden 25 Fragen. Kreuze spontan eine der drei Antwortmöglichkeiten an. Überlege nicht lange, was wohl die beste Antwort sein könnte. Es gibt keine richtigen oder falschen Antworten. Die folgende Auswertung deiner Antworten zeigt dir, worauf du vor, während und nach deinen Reisen zu einem Ziel im Alltag besonders achten kannst, um mehr Urlaubsleichtigkeit in alle deine Ziele zu bringen, dir dein Leben leichter zu machen und beruflich und privat voranzukommen.

1. **Freust du dich auf dein Ziel?**

a) *Und wie. Ich kann es kaum erwarten, loszulegen.*
b) *Ja, schon irgendwie.*
c) *Ist halt ein neues Ziel. Freude kommt da nicht groß auf.*

2. **Wohin willst du? Was ist dein wichtigstes Ziel in diesem Jahr?**

a) *Das kann ich genau sagen. Da habe ich eine klare Vorstellung.*
b) *Ich habe viele Ziele. Alle sind wichtig. Mal schauen.*
c) *Das weiß ich doch nicht. Keine Zeit darüber nachzudenken.*

3. **Warum willst du da hin? Was macht dein Ziel wichtig für dich?**

a) *Ich will das schon lange, das ist mein Herzenswunsch.*
b) *Das will doch jeder. Das ist cool. Oder?*
c) *Ich will es halt. Bin doch kein Hellseher. Hab mal davon gehört.*

4. **Schreibst du dir deine Ziele auf?**

a) *Immer. Was ich vor Augen habe, vergesse ich nicht.*
b) *Selten. Ab und an mal auf einen Notizzettel.*
c) *Nö. Warum auch? Das kann ich mir doch merken.*

5. **Welches starke Bild symbolisiert dein Ziel?**

a) *Da habe ich eine klare Vorstellung, ein starkes Bild vor Augen.*
b) *Hm. Darüber habe ich noch nicht nachgedacht.*
c) *Bild? Sind wir jetzt bei Malen nach Zahlen?*

6. Konzentrierst du dich auf dein wichtigstes Ziel?
a) *Ja, ich konzentriere meine Energie auf mein wichtigstes Ziel.*
b) *Schwierig. Es gibt so viel zu tun.*
c) *Nein. Ich will immer alles, und das am besten sofort.*

7. Achtest du bewusst auf zieldienliche Informationen?
a) *Ja, ich achte auf alles, was mit meinem Ziel zu tun hat.*
b) *Schwierig. Es gibt so viel Ablenkung. Das gelingt mir selten.*
c) *Nein. Ich will immer über alles informiert sein.*

8. Gelingt es dir, mit der Aufmerksamkeit beim Ziel zu bleiben?
a) *Das gelingt mir recht gut. Wenn ich abschweife, merke ich das.*
b) *Das würde ich mir wünschen. Aber wie soll das gehen?*
c) *Ist das wichtig? Ich will alles mitkriegen. Deshalb: nein.*

9. Weißt du, was du heute für dein Ziel getan hast?
a) *Ganz genau. Ich denke regelmäßig darüber nach.*
b) *Eigentlich nicht. Ich mache ja so viel.*
c) *Ist das wichtig? Ich mache halt, was ich mache.*

10. Schreibst du dir auf, was du für dein Ziel gemacht hast?
a) *Ja. Ich habe ein Notizbuch und mache mir regelmäßig Notizen.*
b) *Teilweise ja, aber ich vergesse das häufig.*
c) *Zeitverschwendung. Wann soll ich das denn noch machen?*

11. Schreibst du dir einen Plan, was du für dein Ziel tun wirst?
a) *Ja, ein Plan hilft mir dabei, meine Ziele im Auge zu behalten.*
b) *Ich versuche es ab und an, aber es gelingt mir nicht immer.*
c) *Das dauert mir zu lange. Ich fange einfach gleich an.*

12. Wie startest du morgens in den Tag?
a) *Ich überlege, was ansteht, und gehe planvoll vor.*
b) *Mal so, mal so. Meistens hektisch.*
c) *Erst mal Smartphone raus und alle Nachrichten checken.*

13. Unterscheidest du zwischen wichtig und unwichtig?
a) *Ja. Das Wichtigste zuerst. Unwichtiges später oder gar nicht.*
b) *Der Unterschied ist mir oft nicht klar.*
c) *Bei mir ist alles wichtig. So wie es reinkommt.*

14. Planst du, was du *nicht* tust, um Zeit für dein Ziel zu haben?
a) *Immer. Der Tag hat 24 Stunden. Da kann ich nicht alles machen.*
b) *Manchmal ja. Aber es fällt mir schwer, etwas nicht zu machen.*
c) *Nein. Ich arbeite ab, was kommt. Eins nach dem anderen.*

15. Widerstehst du der Versuchung, Unwichtiges zuerst zu tun?
a) *Ich habe das geübt. Unwichtige Kleinigkeiten mache ich später.*
b) *Ich will das immer, aber es gelingt mir selten.*
c) *Hä, warum? Muss doch auch gemacht werden.*

16. Vertraust du darauf, dein Ziel wirklich zu erreichen?

a) *Ja. Ich weiß, was ich kann und worauf ich Einfluss habe.*

b) *Mal mehr, mal weniger. Je nach Tagesform.*

c) *Da steckt man nicht drin. Das hängt stark von anderen ab.*

17. Was gelingt dir im Zusammenhang mit deinem Ziel gut?

a) *Das kann ich genau sagen. Darauf achte ich bewusst.*

b) *Das weiß ich nicht so genau. Mal dies, mal das.*

c) *Nie darüber nachgedacht. Ich mache, was geht. Mehr nicht.*

18. Wie denkst du über dich, wenn mal was nicht klappt?

a) *Ich denke: Beim nächsten Mal klappt es wieder.*

b) *Ich denke: Das konnte ich noch nie so richtig.*

c) *Ich denke: Na prima, wieder mal voll daneben.*

19. Wendest du die Methode der hilfreichen Sätze an?

a) *Ja. Regelmäßig. Besonders, wenn mal was nicht klappt.*

b) *Habe davon gehört. Was war das noch mal genau?*

c) *Hilfreiche Sätze? Meinst du Honorarsätze?*

20. Wie fühlst du dich, wenn du an dein Ziel denkst?

a) *Ich denke gern an mein Ziel, weil ich mich dann gut fühle.*

b) *Oh, darauf habe ich bislang selten geachtet. Weiß nicht.*

c) *Also, das ist mir jetzt zu esoterisch.*

21. Lernst du von früheren Zielen, die du verfolgt hast?

a) *Aus Erfahrung klug. Ja, das mache ich.*

b) *Irgendwie schon, aber irgendwie auch nicht.*

c) *Schnee von gestern. Interessiert mich nicht. Heute zählt.*

22. Erzählst du deinen Freunden (Familie) von deinen Zielen?

a) *Ja, ich erzähle oft von meinen Zielen und wo ich aktuell stehe.*

b) *Das traue ich mich nicht. Da komme ich unter Druck.*

c) *Interessiert keinen. Über meine Ziele rede ich nicht.*

23. Was machst du, wenn du ein Ziel nicht erreichst?

a) *Ich prüfe, woran das liegt, was ich anders machen kann.*

b) *Oh, das ist schmerzhaft. Da schaue ich ungern hin.*

c) *Deckel drauf. Beim nächsten Ziel wird alles besser.*

24. Tauschst du dich auf dem Weg zum Ziel mit anderen aus?

a) *Ja. Immer. Ich kann von den Erfahrungen anderer lernen.*

b) *Das fällt mir schwer, weil die meisten ihr Ziel besser erreichen.*

c) *Das ist Zeitverschwendung. Die haben ihre eigenen Probleme.*

25. Schreibst du dir deine wichtigsten Erfahrungen auf?

a) *Dafür habe ich ein spezielles Büchlein. Ja. Das ist mir wichtig.*

b) *Eher nicht. Wenn, dann mal eine Notiz hier und eine da.*

c) *Immer dieses Aufschreiben. Keine Zeit dafür. Nein.*

Übertrage jetzt deine Antworten in die folgende Tabelle. Finde damit heraus, welche der fünf Fähigkeiten du wie häufig einsetzt.

Frage	Willenskraft	Antwort a) oft	Antwort b) manchmal	Antwort c) selten
1				
2				
3	**Freude**			
4				
5				
6				
7				
8	**Konzentration**			
9				
10				
11				
12				
13	**Planung**			
14				
15				
16				
17				
18	**Vertrauen**			
19				
20				
21				
22				
23	**Lernen**			
24				
25				

Welche Fähigkeiten nutze ich wie intensiv?

Jeweils fünf der 25 Fragen stehen für eine der fünf Säulen des Holiday-Prinzips und damit eine der fünf Willenskraftfähigkeiten.

1 **Freude:** Wie sehr freue ich mich auf mein Ziel?

2 **Konzentration:** Wie gut konzentriere ich mich auf mein Ziel?

3 **Planung:** Wie vorausschauend plane ich für mein Ziel?

4 **Vertrauen:** Wie stark vertraue ich auf mich und mein Ziel?

5 **Lernen:** Wie viel lerne ich von meinen (früheren) Zielen?

Je häufiger du die Antwortmöglichkeit a) angekreuzt hast, desto häufiger nutzt du deine Zielumsetzungsfähigkeit bereits bewusst für deine Ziele im Alltag, so wie du das für deine Urlaubziele schon immer machst. Weiter so.

Je häufiger du die Antwort b) gewählt hast, desto wahrscheinlicher nutzt du die jeweils abgefragte Fähigkeit eher zufällig und damit weniger bewusst. Achte einmal darauf und mach dir dein Leben leichter, indem du deine Fähigkeiten häufiger bewusster und damit auch gezielter einsetzt.

Je häufiger du die Antwortoption c) markiert hast, desto seltener nutzt du deine Zielumsetzungsfähigkeit bewusst für deine Ziele im Alltag. Das ist schade, weil du es dir damit selbst schwerer machst, als es sein müsste. Denke an deinen Urlaub und nutze dein ganzes Potenzial auch im Alltag.

Verwerte die Ergebnisse aus deinem Holiday-Check als Orientierung und schreibe dir gleich auf, welche Fähigkeiten du schon oft bewusst für deine Ziele im Alltag nutzt. Schreibe dir aber auch auf, welche deiner Fähigkeiten du nur manchmal und damit eher zufällig oder vielleicht gar nicht bewusst für deine Ziele einsetzt. Erinnere dich daran: Du verfügst über alle fünf Fähigkeiten. Sie bilden deine Willenskraft. Sie dienen dir jedes Jahr, um deine Urlaubsziele zu verwirklichen. Nutze deine Fähigkeiten auch für deine Ziele im Alltag.

Schreibe dir einige Stichworte dazu auf, wie oft du welche deiner fünf Fähigkeiten im Alltag bewusst einsetzt, um deine Ziele zu erreichen.

Wenn es dir so geht wie den meisten Menschen, dann fällt es dir im unaufhörlichen Fluss der Alltagspflichten nicht immer leicht, über dich, deine Ziele und den bewussten Einsatz deiner fünf Fähigkeiten, aus denen deine Willenskraft entsteht, nachzudenken. Im Hamsterrad des Alltags funktionierst du, wie jeder Mensch, nahezu immer auf Autopilot. Der Großteil dessen, was du tust, läuft automatisch und damit unbewusst ab. Der Autopilot lenkt dich durch den Alltag. Wie so vieles, hat auch das seine Vor- und Nachteile. Du bekommst zwar deine Aufgaben so weit geregelt, deine eigenen Bedürfnisse und Ziele bleiben dabei aber häufig auf der Strecke. Um über dich und deine Ziele nachzudenken und deine Willenskraft bewusst einsetzen zu können, musst du den Autopiloten ausschalten.

Lass dich von deinem superstarken Stopp-Signal in entscheidenden Momenten daran erinnern, selbst zu denken und zu handeln, anstatt aus Gewohnheit etwas zu tun, was du gar nicht willst.

Erinnere dich an den Anfang des Buchs und an dein superstarkes Stopp-Signal. Zum Beispiel an den emotionalen Song aus deiner Jugend als Smartphone-Klingelton, das krasse Urlaubsfoto als Bildschirmschoner, ein »verrücktes« Symbol als Schlüsselanhänger etc. Sorge dafür, dass dich dein Stopp-Signal, ohne dass du daran denken musst, in den entscheidenden Momenten des Alltags aus deiner Routine reißt. Programmiere beispielsweise dein Smartphone mit einem superstarken Signalton, der dich abends vor dem Schlafengehen darauf aufmerksam macht, noch einmal zu checken, wie bewusst du deine fünf Willenskraft bildenden Fähigkeiten heute für dein Ziel eingesetzt hast.

Überlege auch, mit welcher dieser Fähigkeiten du für welches deiner Ziele die größte Hebelkraft entwickeln kannst, worauf du also besonders achtest, um deine Ziele mit größerer Leichtigkeit und höherer Wirkungskraft zu erreichen. Bei manchen Zielen ist das vielleicht deine Konzentrationsfähigkeit, bei anderen Zielen eher deine Planungs- oder Lernfähigkeit.

Denke daran: Ziele erreichen ist so leicht wie Urlaub machen. Das Holiday-Prinzip ist auf alle deine Lebensziele übertragbar. Mache bei jedem deiner Ziele, ob bei der Arbeit, in der Familie oder in der Freizeit, einfach genau das Gleiche wie bei jedem deiner Urlaube:

1 **Wähle das Ziel mit Lust aus und freue dich darauf.**

2 **Konzentriere dich auf dein Ziel und beschäftige dich damit.**

3 **Plane vorausschauend für dein Ziel und denke auf Papier.**

4 **Vertraue dir und darauf, dass du dein Ziel erreichst.**

5 **Lerne aus der Erfahrung früherer Zielumsetzungen.**

Mehr brauchst du gar nicht zu tun, um mehr Urlaubsleichtigkeit in alle deine Ziele zu bringen.

Von deinen Zielen zu lernen und dabei regelmäßig zu prüfen, welche deiner Willenskraft bildenden Fähigkeiten du bewusst für deine Ziele einsetzt, ist die fünfte Säule des Holiday-Prinzips. Mit deiner Bereitschaft und deiner Fähigkeit, aus der Vergangenheit für die Zukunft zu lernen und dich selbstkritisch zu hinterfragen, kommst du nicht nur beruflich schneller voran. Du erreichst auch deine privaten Ziele leichter und schneller.

Denkst du an Ziele – denke an Urlaub.

Das Holiday-Prinzip auf einen Blick

1 **Freue dich auf dein Ziel wie auf deinen Urlaub**
- Setze dir eigene Ziele, auf die du dich freust.
- Mache dir klar, warum du das Ziel erreichen willst.
- Schreibe dir dein Ziel auf.
- Finde ein starkes Bild als Symbol für dein Ziel.

2 **Konzentriere dich auf dein Ziel wie auf deinen Urlaub**
- Konzentriere dich nur auf *ein* Ziel.
- Sammle bewusst zieldienliche Informationen.
- Schreibe dir jeden Tag auf, was du für dein Ziel getan hast.

3 Plane für dein Ziel wie für deinen Urlaub

- Plane heute, was du morgen für dein Ziel machst.
- Schreibe dir deinen Plan auf.
- Starte jeden Tag mit der wichtigsten Aufgabe für dein Ziel.

4 Vertraue auf dein Ziel wie auf deinen Urlaub

- Mache dir bewusst, was dir gut gelingt, und schreibe es auf.
- Sprich freundlich mit dir selbst.
- Triff dich mit Menschen, die an dich glauben.

5 Lerne von deinem Ziel wie von deinem Urlaub

- Erzähle vertrauten Menschen von deinem Ziel.
- Tausche dich mit anderen über deren Ziele aus.
- Schreibe dir wichtige Gedanken und Impulse auf.

FAZIT

Lerne von deinem Ziel wie von deinem Urlaub

- Fange heute damit an, vertrauten Menschen von deinem Ziel und deinem Weg dorthin zu erzählen.
- Tausche dich mit Gleichgesinnten aus und höre zu, was sie dir von sich erzählen und was sie zu deiner Geschichte sagen.
- Schreibe wichtige Gedanken und Impulse aus den Gesprächen in dein Notizbuch.

Du lernst am einfachsten aus deinen Zielen, wenn du jemandem darüber erzählst. Im Gespräch strukturierst du deine Gedanken und Gefühle und die Dinge ergeben einen Sinn. Dadurch siehst du klarer für die nächsten Schritte auf dem Weg zu deinem Ziel.

Im zweiten Teil des Holiday-Prinzips erkundest du eine einfache und wirksame Strategie, mit der es dir leichter gelingt, dich und deine Zielaktivitäten selbstkritisch zu hinterfragen, zu bewerten und für die Zukunft daraus zu lernen. So viel schon vorweg: Eine Flasche Wasser für 8,50 Euro spielt dabei eine wesentliche Rolle.

Im nächsten Kapitel, *Der Holiday-Impuls,* lernst du aber erst einmal eines der größten Erfolgsgeheimnisse der Menschheit kennen. Was das mit Ackerbau und Saatgut zu tun hat, erfährst du jetzt.

Der Holiday-Impuls

Alle Ziele liegen in der Zukunft. Um sie zu erreichen, musst du sowohl aktiv etwas tun als auch warten können.

Bei deinen Urlaubszielen gelingt es dir, oft monatelang auf die Reise zu warten, dafür zu arbeiten und darauf zu sparen. Die Vorfreude auf deinen Urlaub gibt dir die Kraft, zu planen und vorzubereiten, zu warten und etwas für dein Ziel zu tun. Du legst zum Beispiel einen Teil deines Geldes für den Urlaub zurück, statt alles für Annehmlichkeiten im Alltag auszugeben. Du sammelst Überstunden und Urlaubstage für deinen Jahresurlaub, statt deinen Anspruch auf freie Zeit im Jahresverlauf aufzubrauchen.

Wie ist das bei deinen Zielen? Vielleicht versuchst du seit einigen Wochen, dich mehr zu bewegen und gesünder zu essen, um im Sommer dein Wohlfühlgewicht zu erreichen. Oder du willst einen Lernplan einhalten, um im Herbst deine Masterprüfungen zu bestehen. Wie leicht gelingt es dir, für deine Ziele jetzt etwas zu tun und auf die zukünftige Belohnung zu warten? Wie gut schaffst du es, kurzfristig auf Annehmlichkeiten zu verzichten, um langfristig deine Ziele zu erreichen?

Wäre es nicht schön, wenn du für den Masterabschluss oder das Wohlfühlgewicht, den neuen Job oder die größere Wohnung mit der gleichen Leichtigkeit jetzt etwas tun und auf die Belohnung am Ziel warten könntest, so wie für deine Urlaubsziele?

Eigentlich bist du schon lange ein Experte darin, auf kurzfristige Belohnungen zu verzichten, etwas für dein zukünftiges Ziel zu tun und auf die größere Belohnung am Ziel zu warten. Am nächsten Info-Point erfährst du, warum.

Warten auf die größere Belohnung

Die Fähigkeit, auf eine unmittelbare Belohnung (Feierabendbier jetzt) zugunsten einer zukünftigen Belohnung (Masterabschluss später) zu verzichten, nennen Psychologen Belohnungsaufschub. Wenn du einer kurzfristigen Annehmlichkeit widerstehen kannst, um auf eine größere Belohnung zu warten, beherrschst du etwas, was du wahrscheinlich sehr gut kennst, worüber du aber bislang selten nachgedacht hast: Du beherrschst den Impuls zur Anstrengungsvermeidung und Lustmaximierung. Diese Impulskontrolle ist eine einmalige Gabe der Natur. Nur wir Menschen verfügen darüber und deshalb konnten wir den Ackerbau erfinden, sesshaft werden und uns weiterentwickeln. Ohne diese Fähigkeit hätten die ersten Bauern ihr Saatgut an Ort und Stelle aufgegessen, anstatt monatelang auf die Ernte zu warten, und wir alle würden heute noch durch die Prärie rennen. Kein Tier lebt sesshaft. Kein Tier betreibt Ackerbau. Alle Tiere fressen das Saatgut sofort auf.

Du bist also von Natur aus ein Experte darin, den Impuls zur Anstrengungsvermeidung („Jetzt bloß nicht anstrengen«) und Lustmaximierung („Besser jetzt sofort ein Feierabendbier«) zu beherrschen. Im Alltag schaffst du es unwahrscheinlich oft, bildlich gesprochen das Saatgut nicht aufzuessen. Du hältst dich an soziale Regeln in der Familie, wartest zum Beispiel, bis alle am Tisch sitzen, bevor du in den Sonntagsbraten beißt, obwohl dir schon das Wasser im Mund zusammenläuft. Du bewältigst täglich deinen Job, stehst dafür beispielsweise morgens früh auf, obwohl du vielleicht lieber noch länger liegen bleiben würdest. Und du sparst dein Geld und deine Zeit, um Urlaub zu machen.

Dafür kontrollierst du deine Impulse. Du wartest auf die Urlaubsbelohnung in der Zukunft, du sparst für den Urlaub und du arbeitest dafür. Das gelingt dir, weil du für deine Urlaubziele schon immer das Holiday-Prinzip nutzt. Wahrscheinlich ist dir das gar nicht bewusst, doch wenn es um deinen Urlaub geht, wendest du intuitiv Strategien, Methoden und Techniken an, die dir dabei helfen …

1. **… dich auf dein (Urlaubs-)Ziel zu *freuen*.**
2. **… dich bewusst auf dein Ziel zu *konzentrieren*.**
3. **… vorausschauend für dein Ziel zu *planen*.**
4. **… darauf zu *vertrauen*, dass es am Ziel die Belohnung gibt.**
5. **… selbstkritisch zu sein, um aus Erfahrung zu *lernen*.**

Deshalb gelingt es dir, etwas für dein Urlaubsziel zu tun und darauf zu warten, bis du dein Ziel erreichst. Im Folgenden gebe ich dir einen Überblick über zwölf einfache und wirksame Urlaubsstrategien zur Zielerreichung. Alle Strategien lassen sich einfach auf die Reisen zu deinem Ziel im Alltag übertragen. Egal, ob Masterabschluss oder Wohlfühlgewicht, ob Traumjob oder größere Wohnung – mit den zwölf Holiday-Strategien bringst du mehr Urlaubsleichtigkeit in alle deine Ziele.

Die 12 Holiday-Strategien auf einen Blick

Denke einmal an deinen Jahresurlaub und daran, was du vor, während und nach dem Urlaub machst, damit es auch wirklich die schönste Zeit im Jahr wird. Mehr musst du gar nicht tun, um herauszufinden, wie du im Alltag mehr Ziele leichter erreichst.

1. Schau dir schöne Fotos an.

Du freust dich auf dein Urlaubsziel, weil es ganz fest in deiner Vorstellung verankert ist. Du schaust dir schöne Fotos an, hast ein starkes Urlaubsbild vor Augen und ein gutes Urlaubsgefühl im Bauch. Verankere dein Ziel genauso fest in deiner Vorstellung wie dein Urlaubsziel. Finde ein starkes Bild und ein positives Gefühl für dein Ziel.

2. Gönne dir ab und an eine Belohnung.

Du wartest oft lange auf deinen Urlaub und arbeitest viel dafür. Das gelingt dir, weil du dir in der Zeit bis zum Urlaub ab und an etwas Schönes gönnst. Belohne dich unterwegs zu deinen Zielen genauso. Gönne dir zwischendurch immer wieder einmal etwas Schönes, auf das du dich freust.

3. Mach das, was dir Spaß macht.

Im Urlaub fällt es dir leicht, das umzusetzen, was du dir vornimmst, weil dir das, was du tust, Spaß macht. Finde auch im Alltag Wege, wie du das, was du für dein Ziel tust, mehr genießen kannst. Gestalte dir alle deine Zielaktivitäten abwechslungsreich, interessant und attraktiv.

4. Reise mit leichtem Gepäck.

Weil dein Urlaub übersichtlich ist, gelingt es dir leichter, dich auf das zu konzentrieren, was du tust, und dich nicht ablenken zu lassen. Gestalte deine Alltagsumgebung, in der du auf dein Ziel hinarbeitest, genauso übersichtlich und ablenkungsfrei wie deinen Urlaub, damit du dich leichter auf das konzentrieren kannst, was du für dein Ziel tust.

5. Sag freundlich Nein.

Im Urlaub setzt du das um, was du willst, und sagst Nein zu den Dingen, die du nicht willst. Du lässt dich durch andere nicht von dem ablenken, was du im Urlaub tun willst. Auch im Alltag hast du ein Recht darauf, Nein zu sagen, um dich auf das zu konzentrieren, was du für dein Ziel tust.

6. Mach Schluss, bevor Schluss ist.

Im Urlaub lässt du dich nicht von unerledigten Dingen zu Hause ablenken. Dir gelingt es, dich auf deinen Urlaub zu konzentrieren, weil du die unerledigten Aufgaben zumindest vorläufig abgeschlossen hast. Mach das auch im Alltag. Schreibe dir alles auf, was unerledigt ist, beruflich wie privat, also:

was genau zu tun ist und wann du es erledigen wirst. Damit sind die unvollendeten Aufgaben fürs Erste »verarztet« und du kannst dich leichter auf dein aktuelles Ziel konzentrieren.

7. Packe den Koffer, bevor du verreist.
Sobald du anfängst, deinen Urlaub zu planen, zieht dich der Anfang in die weitere Urlaubsvorbereitung hinein. Beginne auch im Alltag damit, für dein Ziel zu planen. Der Anfang zieht dich in die Aufgabe hinein und du bist motiviert weiterzumachen.

8. Mach dir die Zeit kostbar.
Deine Urlaubszeit ist kostbar für dich, weil sie begrenzt ist. Deshalb überlegst du ganz genau, wie du deine Zeit am besten nutzt, um das meiste daraus zu machen. Begrenze auch die Zeit, die dir für deine Zielaktivitäten im Alltag zur Verfügung steht, damit sie wertvoll für dich wird und du sie effizient nutzt.

9. Mach dir einen Plan B.
Im Urlaub machst du dir für jede Wetterlage einen Plan B. Du planst vorausschauend, damit dein Urlaub auf jeden Fall schön wird – egal, was kommt. Plane auch für deine Ziele, was du machen wirst, wenn etwas nicht so klappt, wie du es dir vorstellst, damit du auf jeden Fall am Ziel ankommst.

10. Pass auf dich auf.
Vor und in deinem Urlaub achtest du darauf, wie es dir geht. Du willst ja schließlich nicht die schönste Zeit im Jahr mit Grippe oder Durchfall im Bett verbringen. Frage dich auch im Alltag regelmäßig, wie es dir körperlich und seelisch geht. Denn dann kannst du dafür sorgen, dass es dir gut geht. Das stärkt dein Selbstvertrauen.

11. Lass es dir gut gehen.
Im Urlaub setzt du um, was du dir vornimmst, und erreichst auch herausfordernde Gipfel. Du vertraust dir und deinen Fähigkeiten, deine Ziele umzusetzen. Das gelingt dir, weil du es dir im Urlaub gut gehen lässt. Lass es dir auch im Alltag gut gehen. Denn geht es dir gut, fühlst du dich stark, und fühlst du dich stark, packst du deine Ziele mit mehr Selbstvertrauen an.

12. Schau, was funktioniert.
Beim Urlaub achtest du genau darauf, was funktioniert und was nicht funktioniert, damit dein (nächster) Urlaub bestimmt der schönste Urlaub aller Zeiten wird. Beobachte auch im Alltag den Verlauf deiner Reise zum Ziel. Schau, was gut funktioniert hat, und mach mehr davon. Schau, was weniger gut funktioniert hat, und mach morgen etwas anderes.

Überlege einmal, wie du bei deinem letzten Jahresurlaub vorgegangen bist – oder vielleicht sogar bei deiner aktuellen Urlaubsplanung vorgehst. Gönne dir dazu am besten wieder eine kleine Atempause auf der Insel. Eine Minute reicht aus.

Schließe die Augen. Stell dir vor, du bist an deinem Lieblingsurlaubsort. Fühle, wie deine Fußsohlen fest auf dem Boden stehen. Atme ruhig und tief ein und aus und überlege, was du vor, während und nach einem Urlaub machst, damit es wirklich die schönste Zeit im Jahr wird.

Wie es dir gelingt, die zwölf Holiday-Strategien leichter auf die Reisen zu deinen Zielen im Alltag zu übertragen, erfährst du im zweiten Teil des Buches. Schreibe dir jetzt schon einmal einige Stichworte zu den Strategien auf, die dich am meisten ansprechen und die du auf jeden Fall auch gerne auf deine Ziele im Alltag übertragen willst.

Schreibe dir einige Stichworte zu den zwölf Strategien in dein Notizbuch oder deine Smartphone-Notes.

TEIL 2

Die Holiday-Strategien

6. Gipfelsturm

Deine Lust darauf, etwas für dein Ziel zu tun, fokussiert deine Energie dafür.

Die Südseereise im Dezember liegt beispielsweise noch in weiter Ferne und der Weg dorthin führt über viel Arbeit und viel Geldsparen. Was machst du, um dich so lange motiviert zu halten? Oder: Die Trekkingtour durch die kanadischen Wälder im Sommer erfordert doch mehr Training als erwartet, um fit genug zu sein. Wie schaffst du es, dafür motiviert zu bleiben?

Für deinen Urlaub nutzt du einfache und wirksame Strategien, um dich motiviert zu halten. Dir ist vielleicht gar nicht so bewusst, was du da tust und dass du es tust. Du hängst dir vielleicht das wunderbare Bild einer atemberaubenden Südseeinsel an den Kühlschrank und dazu einen Kalender und das Flugticket, das du schon gekauft und ausgedruckt hast. Vielleicht belohnst du dich nach Feierabend oder nach einer harten Arbeitswoche auch mit tollen Dokus über die Südsee oder mit einem typischen Essen des Urlaubsziels Fidschi.

Und wie machst du das bei deinen Zielen? Der Weg zum Wohlfühlgewicht ist zum Beispiel nicht immer eben. Nach drei Wochen stagniert dein Gewicht. Wie hältst du deine Motivation aufrecht? Oder was machst du über die vielen Monate auf dem Weg zum Mastertitel, wenn die Noten nicht dem entsprechen, was du erwartet hast? Wende das Holiday-Prinzip an.

Hier sind die drei wirksamsten Strategien, um deine Freude und damit Motivation für dein Ziel wach zu halten.

1 Freue dich auf dein Ziel wie auf deinen Urlaub

1. Schau dir schöne Fotos an.
Du freust dich auf dein Urlaubsziel, weil es ganz fest in deiner Vorstellung verankert ist. Du schaust dir schöne Fotos an, hast ein starkes Urlaubsbild vor Augen und ein gutes Urlaubsgefühl im Bauch. Verankere dein Ziel genauso fest in deiner Vorstellung wie dein Urlaubsziel. Finde ein starkes Bild und ein positives Gefühl für das Ziel.

2. Gönne dir ab und an eine Belohnung.
Du wartest oft lange auf deinen Urlaub und arbeitest viel dafür. Das gelingt dir, weil du dir in der Zeit bis zum Urlaub ab und an etwas Schönes gönnst. Belohne dich unterwegs zu deinen

Zielen genauso. Gönne dir zwischendurch immer wieder einmal etwas Schönes, auf das du dich freust.

3. Tu das, was dir Spaß macht.

Im Urlaub fällt es dir leicht, das umzusetzen, was du dir vornimmst, weil dir das, was du tust, Spaß macht. Finde auch im Alltag Wege, wie du das, was du für dein Ziel tust, mehr genießen kannst. Gestalte dir alle deine Zielaktivitäten abwechslungsreich, interessant und attraktiv.

Schau dir schöne Fotos an

Deine Motivation ist die wertvollste Kraftquelle auf dem Weg zu deinen Zielen. Aus dieser Quelle schöpfst du deine Energie für den manchmal langen und holprigen Weg. Deine Motivation, das heißt, die Lust darauf, dein Ziel zu verwirklichen, fokussiert deine Aufmerksamkeit und damit deine Energie. Du beschäftigst dich mit dem Ziel und planst dafür, weil es dir wichtig ist, am Ziel anzukommen. Je mehr du dich damit beschäftigst und dafür planst, desto sicherer fühlst du dich und desto mehr vertraust du auf dich und darauf, dein Ziel auch wirklich zu erreichen. Deshalb lohnt es sich, deine Motivation im Auge und damit wach zu halten. Wie dir das leichter gelingt, erfährst du am nächsten Info-Point.

Gedächtnis

Wie stark deine Motivation für ein Ziel ausgeprägt ist und wie stabil du auf dem Weg zum Ziel motiviert bleibst, hängt hauptsächlich von zwei Dingen ab: Erstens davon, ob es sich wirklich um dein eigenes Ziel handelt, du also wirklich Lust darauf hast, es zu erreichen. Hier spielen deine Motive eine große Rolle. Zweitens davon, wie gut du das Ziel im Gedächtnis verankerst. Je öfter und je stärker du dich an dein Ziel erinnerst, desto wacher bleibt deine Motivation. Die faszinierende Fähigkeit des Gedächtnisses, aufgenommene Informationen umzuwandeln, zu speichern und wieder abzurufen, spielt dabei eine zentrale Rolle. Vereinfacht gesagt funktioniert das so: Alles, was du in deiner Umgebung mit deinen Sinnen bewusst oder unbewusst aufnimmst, wird nur für Millisekunden im sensorischen Gedächtnis gehalten. Nur die Inhalte, auf die du deine Aufmerksamkeit bewusst lenkst, gelangen in dein Arbeitsgedächtnis (Kurzzeitgedächtnis), das eine begrenzte Kapazität hat. Es kann zur gleichen Zeit nur etwa fünf plus/minus zwei Informationseinheiten für etwa 20 bis 45 Sekunden speichern. Nur die Inhalte, die du im Arbeitsgedächtnis aktiv, das heißt konzentriert verarbeitest, werden im Langzeitgedächtnis länger (für immer) gespeichert und bleiben abrufbar. Um deine Motivation für dein Ziel aufrechtzuerhalten, musst du das Ziel und das, was du dafür tun willst, fest in deinem Langzeitgedächtnis verankern. Nutze dafür kreative Erinnerungshilfen.

Dein Urlaubziel besitzt die Kraft, deine Motivation, also deine Handlungsbereitschaft, etwas für deinen Urlaub zu tun, stark zu halten. Der Grund dafür ist ganz einfach: Du verankerst kaum etwas anderes so stark in deinem Gedächtnis wie deinen Urlaub. Überlege einmal, wie du das machst, und wende das Prinzip auch auf deine Ziele an. Hier ist eine kleine Anleitung dazu.

Du freust dich auf dein Urlaubsziel, weil es ganz fest in deiner Vorstellung verankert ist. Mache dein Ziel so greifbar wie dein Urlaubsziel. Verankere es in deinem Gehirn und im Alltag. Formuliere das Ziel präzise und so, dass deine Energie daran andocken kann. Beantworte dir die Frage, wie du dein Ziel im Gedächtnis verankern kannst, und beachte dabei drei Tipps:

1. Finde die passende Größe:
Achte darauf, dass dein Ziel nicht zu groß ist. »Ich will mehr Geld verdienen« oder »Ich will mich mehr bewegen« sind zu große Veränderungen und zu schwammig formuliert. Dein Gehirn speichert das nicht. Das Ziel muss fassbar und praktikabel werden. Setzt du dir ein sehr großes Ziel, unterteile es in Etappenziele, die du innerhalb weniger Monate erreichen kannst. Das Ziel »Ich will einen Mastertitel« kannst du zum Beispiel herunterbrechen auf: »Ich will einen Studienplatz an der Hochschule XY«, dann »Ich will das erste Semester solide bestehen« etc.

2. Konkretisiere dein Ziel:
Ein Ziel muss messbar sein, damit du zu einem bestimmten Zeitpunkt feststellen kannst, ob du es erreicht hast oder nicht. Formuliere also konkret »Ich möchte bis zum Sommerurlaub im Juli acht Kilogramm abnehmen« statt allgemein »Ich will abnehmen«. Sage konkret »Ich lerne regelmäßig dienstags und freitags nach Feierabend zwei Stunden für den Master« statt allgemein »Ich will für den Master lernen«.

3. Bleibe realistisch:
Formuliere dir unbedingt Ziele und Aktivitäten, die realistisch umsetzbar sind. Die Augen sind oft größer als der Hunger, die Anfangseuphorie oft größer als das Durchhaltevermögen. Ist es für dich zum Beispiel nicht machbar, fünfmal pro Woche joggen zu gehen, dann plane dir weniger wöchentliche Laufeinheiten ein. Ansonsten ist der Frust groß und Frust frisst Energie.

Formuliere dein Ziel konkret, messbar und realistisch, damit es für dich fassbar wird, und schreibe es auf. Denke auf Papier.

Schreibe dir einige Stichworte zu deinen Erinnerungshilfen auf und klebe dir auch ein starkes Zielbild in dein Notizbuch.

Finde ein starkes Bild für dein Ziel. Schaffe dir Erinnerungshilfen, die dir dein Ziel und deine Absicht, etwas dafür zu tun, lebhaft vor Augen führen. So verankerst du dein Ziel fest in deinem Gedächtnis. Denke an deinen Urlaub und an die Bilder, die dich im Alltag daran erinnern. An dein Gefühl, das du mit dem Urlaub verbindest. Und an die kleinen Erinnerungshilfen, die dich über die Monate bis zum Abflug retten. Hier ist ein Ideenkoffer voll mit Impulsen, die dir dabei helfen werden, deine Ziele genauso fest in deinem Gedächtnis zu verankern wie deinen Urlaub. Viel Spaß beim Lesen und Ausprobieren.

Erinnerungshilfen zum Anschauen

Welches Foto oder Bild oder welche Farbe zeigt dein Ziel?

- Das Foto von dir mit Wohlfühlgewicht, im Urlaub vor drei Jahren, als Erinnerung, um dich mehr zu bewegen.
- Das Bild einer Südseeinsel (oder des Kilimandscharo) als Anreiz, um für die Weltreise zu sparen.
- Die Farbe Rot als Aufforderung für dich, in Job-Meetings häufiger deine Meinung zu sagen.

Erinnerungshilfen zum Anhören

Welcher Song, welche Geräusche aktivieren dein Ziel?

- Das Lied, auf das du zum letzten Mal so richtig abgetanzt hast, als du noch Wohlfühlgewicht hattest.
- Vogelgezwitscher als Erinnerungshilfe, um mehrmals am Tag eine Atempause einzulegen.
- Der Signalton deines Smartphones bei einer eingehenden Nachricht, der dich daran erinnert, tief ein- und auszuatmen.

Erinnerungshilfen zum Anfassen

Welches Symbol verkörpert dein Ziel am besten?

- Der Schlüsselanhänger in Turnschuhform als Erinnerung daran, häufiger die Treppe statt den Aufzug zu nehmen.
- Die kleine Schlumpffigur auf dem Schreibtisch, die dich daran erinnert, dass du Nein sagen darfst.
- Das Armband oder der Ring als Erinnerung daran, im Job mehr zu networken.

Erinnerungshilfen zum Aussprechen

Welche Metapher beschreibt dein Ziel am besten?

- »Ich fühle mich leicht wie eine Feder« als Sprachbild für das Ziel Wohlfühlgewicht – und dazu das Foto einer Feder als Bildschirmschoner oder Smartphone-Wallpaper.
- »Ich fühle mich fit wie ein Turnschuh« als Sinnbild für mehr Bewegung – und dazu ein Schlüsselanhänger in Form eines Turnschuhs.
- »Ich fühle mich stark wie ein Baum« als Zeichen für dein Durchhaltevermögen – und dazu eine schöne Zimmerpalme als Symbolbaum im Wohnzimmer.

Erinnerungshilfen zum Ausprobieren

Welche Körperhaltung/Geste stellt dein Ziel am besten dar?

- Eine Minute lang die Siegerpose einnehmen, das heißt die Arme nach oben strecken, als Symbol dafür, dass du dein Ziel erreichen wirst.
- Einige Minuten Wohlfühltanz, der dich an dein Ziel Wohlfühlgewicht erinnert, zu deiner Lieblingsmusik.

- Eine Minute die Handfläche nach oben und nach vorne strecken als Erinnerung daran, dass du im Job unvoreingenommener auf andere zugehen wirst.

Erinnerungshilfen zum Riechen
Welcher Geruch duftet am stärksten nach deinem Ziel?

- Lavendelduft (gibt es als ätherisches Öl) als Erinnerung daran, gelassener mit Stress umzugehen.
- Frisch gebrühter Kaffee, der dich daran erinnert, dankbar und zufrieden zu sein.
- Zimt- und Nelkenduft (gibt es als ätherisches Öl), der für Weihnachten und dafür steht, wie wichtig Familienzeit ist.

Sei ruhig kreativ und überlege auch mit anderen zusammen, welche Erinnerungshilfen für dich funktionieren könnten. Integriere diese in deinen Alltag. Sei auch erfinderisch dabei. Wichtig ist, dass du die Erinnerungshilfen für dein Ziel täglich immer wieder wahrnehmen kannst und sie von Zeit zu Zeit veränderst, damit der Erinnerungsreiz seine Kraft behält.

Zum Beispiel: das Foto am Kühlschrank, das du jeden Morgen und Abend im Vorbeigehen siehst. Den Kaffeeduft in deiner Küche oder beim Bäcker. Der knallrote Klebezettel am Rechner. Der Song als Klingelmelodie auf deinem Smartphone. Das Armband – heute links und morgen rechts getragen. Der Schlüsselanhänger in Turnschuhform, den du täglich mehrfach anfasst, oder die Schlumpffigur auf dem Schreibtisch, die du den ganzen Tag über vor Augen hast. Die Metapher, die du morgens mit freundlichen Worten zu dir selbst sagst. Die Siegerpose gleich am Morgen nach dem Aufstehen. Und so weiter.

Wenn es dir so geht wie den meisten Menschen, dann gibt es in deinem Alltag so viel zu tun, dass du am Ende des Tages oftmals einfach vergessen hast, etwas für dich und für dein Ziel zu tun. Mit deinen Erinnerungshilfen wird dir das nicht mehr passieren. Jetzt ist es aber erst einmal wieder Zeit für die Insel. Gönne dir eine Atempause. Eine Minute reicht aus.

Schließe die Augen. Stell dir vor, du bist an deinem Lieblingsurlaubsort. Fühle, wie deine Fußsohlen fest auf dem Boden stehen. Atme ruhig und tief ein und aus. Lass deine Gedanken über die Bilder und Gefühle zu deinem Ziel fliegen.

Gönne dir ab und an eine Belohnung

Die Fähigkeit, auf eine größere Belohnung warten zu können, ist nicht endlos strapazierbar. Denke an dein Ziel. Zum Beispiel das Masterstudium, das du berufsbegleitend in zwei Jahren abschließen willst. Oder dein Wohlfühlgewicht, das du in sechs Monaten erreichen und dann auch halten willst. Der Weg dahin ist lang. Die große

Belohnung am Ziel ist in weiter Ferne. Auch kleinere Erfolgserlebnisse, die sich belohnend anfühlen und dich motivieren, lassen auf sich warten. Am Anfang wollen die Pfunde einfach nicht so purzeln, wie du das gerne hättest, oder die Semesterabschlussprüfung findet erst in fünf Monaten statt. Selbst wenn du dich gerne bewegst oder es dir eigentlich Spaß macht zu lernen, kann das im Alltag zäh werden.

Auf langen Wegen zu großen Zielen brauchst du deshalb eine Strategie, die dir hilft, auf die Zielverwirklichung warten zu können und dranzubleiben, auch wenn deine Motivation dafür schwächer wird. Für deinen Urlaub, der in weiter Ferne liegt, hast du diese Strategie. Du gönnst dir in der Zeit, bis es losgeht, ab und an etwas Schönes. Übertrage diese Strategie auf die Reisen zu deinen Zielen im Alltag. Gönne dir ab und an eine Belohnung und beachte dabei die drei Wirksamkeitsregeln der Selbstbelohnung:

1. Belohne dich zeitnah.
2. Belohne dich unregelmäßig.
3. Belohne dich angemessen.

Motiviere dich selbst, indem du unterwegs zum Ziel immer dann kleine Selbstbelohnungen einbaust, wenn du etwas für dein Ziel getan hast. Beantworte dir die Frage, wie du dich unterwegs zum Ziel selbst belohnen kannst, und beachte dabei die drei eben genannten Regeln:

1. Belohne dich zeitnah:
Um dich selbst bei Laune zu halten, ist es wichtig, dass deine Belohnung zeitnah in Verbindung mit einer Anstrengung steht. Überlege dir am besten auch schon vor der Anstrengung, wie du dich danach belohnst. Denke an deinen Urlaub. Wenn du dir vornimmst, einen Berg zu besteigen, dann hast du bereits vor dem Aufstieg Bilder vor Augen, wie toll es sein wird, auf dem Gipfel zu stehen. Und du planst auch schon, wie du dich nach der anstrengenden Wanderung am Abend zum Beispiel mit einem tollen Abendessen belohnen wirst. Den ganzen Weg hoch auf den Berg hast du die Gipfelbelohnung vor Augen und das leckere Abendessen auf der Zunge. Das motiviert dich und zieht dich den Berg hoch.

2. Belohne dich unregelmäßig:
Dein Belohnungsgefühl wird größer, wenn du dich nicht jedes Mal und nicht jedes Mal gleich belohnst. Variiere deine Selbstbelohnungen zeitlich und inhaltlich. Gönne dir nach einer Anstrengung für dein Ziel mal ein tolles Abendessen, mal eine Massage, mal gar nichts, das nächste Mal einen Kinobesuch etc. Wichtig ist, dass du dich wirklich auf deine eigene Belohnung freust.

3. Belohne dich angemessen:
Die Motivationskraft äußerer Belohnungen bleibt erhalten, wenn du dich entsprechend der Anstrengung belohnst: eine große Belohnung für eine große Anstrengung, eine kleine Belohnung für eine kleine Anstrengung. Gönne dir beispiels-

weise ein tolles Wellness-Wochenende, wenn es dir gelungen ist, dich einen Monat lang regelmäßig zu bewegen, oder schaue einen spannenden Film auf *Netflix*, nachdem du ein Kapitel für deine Masterprüfung gelernt hast. Auch hier gilt: Wenn du deine Belohnung angemessen begrenzt, fühlt sie sich wertvoller an.

Mit kleinen Selbstbelohnungen, auf die du dich freust, motivierst du dich selbst »von außen«. So hältst du dich bei der Stange. Je mehr du dadurch für dein Ziel tust, desto schneller erzielst du kleinere oder größere Erfolgserlebnisse auf deinem Weg zum Ziel. Deine eigenen Erfolge motivieren dich dann »von innen«, weil die Zielverwirklichung greifbarer wird. Es gibt nichts, was dich mehr motiviert als dein eigener Erfolg auf dem Weg zu deinem Ziel. Stelle dir einmal vor, deine Waage zeigt zehn Kilogramm weniger Gewicht an und du passt wieder in deine Lieblingsjeans. Oder überlege mal, wie du dich fühlst, wenn du das erste Semester im nebenberuflichen Masterstudium erfolgreich abgeschlossen hast. Wow! Das sind Gipfelerlebnisse, die dich motivieren und weiter voranziehen. Notiere dir gleich einige Ideen dazu, wie du dich selbst belohnen kannst. Über welche kleineren oder größeren Belohnungen »von außen« freust du dich?

Schreibe dir einige Stichworte zu den Dingen und Aktivitäten auf, mit denen du dich selbst belohnen kannst.

Bis zu dem Zeitpunkt, an dem das, was du für dein Ziel machst, selbstbelohnend wird, weil du die ersten kleinen Erfolge erreicht hast, dauert es zwei bis drei Monate. Gestalte dir diesen Zeitraum einfacher, indem du dich unterwegs immer wieder selbst belohnst, aber auch, indem du Wege findest, wie du das, was du täglich für dein Ziel tust, mehr genießt. Das ist die dritte Holiday-Strategie, mit der es dir gelingt, deine Motivation auf langen Strecken wach und stark zu halten. Mehr darüber erfährst du jetzt.

Tu das, was dir Spaß macht

Denke wieder an deinen Urlaub. Selbst nach einem stressigen Arbeitstag freust du dich darauf, etwas für deine lang ersehnte Reise in fünf Monaten vorzubereiten. Du liest und recherchierst zum Beispiel im Internet über den Urlaubsort. Du redest mit Freunden, die schon mal dort gewesen sind. Du planst die Reiseroute und reservierst bereits den Flug und die Unterkunft. Alles, was du für deinen Urlaub machst, fühlt sich belohnend für dich an, weil du das, was du dafür einsetzt, gerne tust: im Internet surfen und schöne Fotos anschauen, mit Freunden reden und gemeinsam Erfahrungen austauschen, Reiseberichte lesen, Reisedokus ansehen, dir den eigenen Urlaub zusammenstellen etc. Du fühlst dich gut dabei, wenn du etwas gerne machst, und ein gutes Gefühl ist der beste Motivator, um etwas zu tun. Die neuropsychologische Forschung hat eine faszinierende Erklärung dafür, warum »sich gut fühlen« bei dem, was du für dein Ziel machst, so hilfreich ist. Mehr dazu erfährst du am nächsten Info-Point.

Gefühle steuern Verhalten

Jedes Vorhaben, das du bewusst in die Tat umsetzen willst, braucht im richtigen Moment ein positives Gefühl als Auslöser für die Umsetzung. Dieser Prozess läuft unbewusst und sehr schnell ab. Du merkst gar nicht, wie deine Gefühle dein Denken und dein Verhalten steuern. Im Urlaub fühlst du dich gut, und du freust dich auf das, was du machen willst. Nimmst du dir zum Beispiel vor, auf einen Berg zu wandern, dann hast du ein positives Gefühl dabei, auch wenn es anstrengend ist, weil du dich auf die Aussicht freust und auf das Erfolgserlebnis, wenn du es geschafft hast. Im Alltag sieht das oft anders aus. Du kommst nach einem stressigen Arbeitstag nach Hause und willst eigentlich noch mal raus zum Joggen, doch dein Gefühl teilt dir blitzschnell mit, dass die Couch und Netflix jetzt die viel besseren Alternativen sind. Da unbewusste Gefühle viel schneller und stärker ablaufen als bewusstes Denken, hat es deine rationale Absicht, joggen zu gehen, schwer gegen das positive emotionale Gefühl, auf die Couch zu wollen. Alles in dir sagt: »Geh joggen, du willst dich mehr bewegen«, doch deine Hand greift nach der Fernbedienung und du machst es dir bereits auf der Couch gemütlich. Dann versicherst du dir, dass die Couch im Moment die bessere Alternative zum Joggen ist. Dein Verstand bemüht sich redlich, dein von Gefühlen gesteuertes Verhalten im Nachhinein für vernünftig zu erklären, um dich wieder in Balance zu bringen. Der Gefühlsautopilot lenkt dich mit unsichtbarer Hand und gegen diese unbewusste, unwillkürliche Wucht kämpfst du mit deinem bewussten Willen an. Es gibt nur einen wirksamen Weg, um dieses Ringen zu gewinnen und deine Vorhaben auch im Alltag leichter in die Tat umzusetzen: Freue dich auf das, was du dir vornimmst, für dein Ziel zu tun.

Denkst du an deinen Urlaub und an die Dinge, die du machen willst, fühlst du dich gut. Du freust dich auf das, was du für deinen Urlaub planst und vorbereitest, weil du es selbst nach einem stressigen Arbeitstag gerne machst. Nutze die gleiche Strategie für deine Ziele. Finde Wege, auf denen du das, was du für dein Ziel tust, gerne machst. Denn entscheidend dafür, ob du deine Absicht tatsächlich in die Tat umsetzt oder nicht, ist nicht, welchen Plan zur Umsetzung du schmiedest, sondern mit welcher Freude du an die Umsetzung denkst.

Gestalte dir deine Aktivitäten auf dem Weg zum Ziel, also zum Beispiel deinen Lernplan, die gesunde Ernährung oder die sportliche Bewegung, so abwechslungsreich und attraktiv wie möglich. Dann fühlst du dich gut, wenn du daran denkst, etwas für dein Ziel zu tun, und das gute Gefühl ist der Auslöser dafür, dass du deine Absicht auch wirklich in die Tat umsetzt. Sammle Ideen, wie du zum Beispiel kurzweilig lernen kannst, dich schmackhaft gesund ernährst oder dich mit mehr Lust sportlich bewegst. Hier ist wieder ein Ideenkoffer mit einigen Impulsen dazu. Lass dich inspirieren und sei auch selbst kreativ.

Finde Inhalte, die du liebst:
Vielleicht versuchst du seit einigen Wochen, Spanisch zu lernen, es fällt dir aber schwer, nach Feierabend noch Vokabeln zu büffeln. Probiere einmal aus, dein Lieblingsbuch auf Spanisch zu lesen, deine Lieblingsrezepte von auf Spanisch geschriebenen Rezepten zu kochen, deine Lieblingsserien auf Spanisch anzuschauen, spanische Musik zu hören oder mit netten Spaniern auf deinen Social-Media-Kanälen zu chatten. Kurzum, finde Inhalte, die du liebst, auf Spanisch.

Oder du möchtest mehr Zeit mit deiner Familie statt im Büro verbringen, schaffst es aber selten, das umzusetzen. Finde Aktivitäten, die so attraktiv und vergnüglich sind und dir und deiner Familie gemeinsam so viel Spaß machen, dass es für dich reizvoll ist, deine Arbeit im Büro schneller zu erledigen.

Sorge für abwechslungsreiche Zielaktivitäten:
Vielleicht willst du abnehmen, um wieder in deine Lieblingsjeans zu passen, und dich dafür mehr bewegen. Probiere dazu unterschiedliche Möglichkeiten aus und finde diejenigen, die dir am meisten Spaß machen. Angebote und Ideen zur Bewegung gibt es viele: Outdoor- oder Indoor-Zumba, Lauftreffs, Yoga-Stunden, Gymnastik auf dem Balkon, schwimmen nach Feierabend oder wandern mit der Familie am Wochenende.

Auch eine gesunde Ernährung zur Gewichtsreduktion kann kreativ und abwechslungsreich sein und Spaß machen. Verbinde dein Vorhaben, gesünder zu essen, zum Beispiel mit der Überlegung, was Menschen in anderen Kulturen essen. Und dann entwirf dir einen Essensplan für die nächsten Wochen, mit dem du bildlich gesprochen um die Welt reist. Eine Woche ernährst du dich wie die Menschen auf Okinawa in Japan, dann eine Woche lang wie die Griechen auf Ikaria und die nächsten sieben Tage wie die Italiener in der Provinz Ogliastra auf Sardinien. Das sind übrigens drei der fünf als *Blue Zones* bekannten Regionen der Welt, wo die Menschen überdurchschnittlich lange und glücklich leben. Meist werden sie über 100 Jahre alt und das hat unter anderem viel mit der Ernährung zu tun.

Willst du für deine Masterabschlussprüfung lernen, dann lese nicht nur in Fachbüchern, sondern treffe dich mit Kommilitonen in einer Lerngruppe, nutze Lernvideos auf YouTube oder andere Medien. Außerdem kannst du öfter mal den Lernort wechseln. Auch das wirkt sich positiv auf deine Lust am Lernen aus.

Achte bei allem, was du dir vornimmst, für deine Ziele zu tun, darauf, wie viel Spaß es dir macht. Je mehr Lust du darauf hast, desto wahrscheinlicher ist es, dass du es tust. Denke immer an deinen Urlaub. Deinen Urlaub verwirklichst du, weil du Lust darauf hast.

Überlege gleich einmal, wie du dir deine Zielaktivitäten so vergnüglich wie möglich gestaltest. Wie du damit mehr Urlaubsstimmung in deinen Alltag bringst und mehr Leichtigkeit in die Umsetzung deiner Ziele. Nutze dazu die folgende Wegbeschreibung als Anleitung und die Beispiele in der Tabelle als Anregung. Schreibe dir deine eigenen Ideen wieder in dein Notizbuch oder deine Smartphone-Notes.

Denke an dein Ziel und daran, was du dafür tun willst und kannst, um es zu erreichen. Und jetzt überlege, wie du dir diese Aktivitäten lustvoller gestaltest. Was machst du gerne? Wobei fühlst du dich gut? Und was davon bringt dich an dein Ziel?

Wegbeschreibung:

Denke wieder an dein Ziel. Vielleicht versuchst du seit einigen Wochen, gesünder zu essen und dich mehr zu bewegen, um dein Wohlfühlgewicht zu erreichen. Oder du willst einen Lernplan einhalten, um eine Sprache oder ein Musikinstrument zu erlernen. Stelle dir dein Ziel in allen Farben und Formen vor, während du ruhig und tief ein- und ausatmest, und beantworte dir zwei Fragen, um Wege zu finden, wie du mit mehr Genuss auf dein Ziel zugehen kannst:

1. *Was macht mir Spaß? Was mache ich gerne? Wobei fühle ich mich gut? Auf welche Aktivitäten habe ich auch nach einem stressigen Arbeitstag noch Lust?*

2. *Wie kann ich diese Aktivitäten mit dem verbinden, was ich für mein Ziel machen will und kann und muss?*

Denke immer daran: Ein gutes Gefühl ist die beste Voraussetzung für die Umsetzung deiner Ziele.

Mein Ziel	Meine Aktivität	Vergnügliche, angenehme und abwechslungsreiche Aktivitäten	
		Was macht mir Spaß?	**Meine Ideen für vergnügliche Aktivitäten**
Italienisch	**Sprache lernen**	1. Lesen 2. Kochen 3. Filme schauen 4. TED-Talks hören 5. Weiterbilden 6. Social Media nutzen 7. …	1. Lies dein Lieblingsbuch auf Italienisch 2. Koche deine Lieblingsrezepte von italienischen Rezepten 3. Schaue deine Lieblingsserien in Italienisch 4. Höre TED-Talks, deren Inhalt dich interessiert, auf Italienisch 5. Mache einen Onlinekurs, der dich interessiert, auf Italienisch 6. Chatte auf Social Media mit netten Italienern 7. …
Wohlfühlgewicht	**Mehr bewegen**	1. Tanzen 2. Schwimmen 3. Yoga 4. Wandern 5. …	1. Mache einen Tanzkurs oder Zumba-Kurse mit deinem Partner 2. Genieße die Ruhe am Baggersee oder gehe ins Schwimmbad 3. Besuche eine Yogaklasse oder mache Onlineyoga zu Hause 4. Gehe mit deiner Familie am Wochenende wandern 5. …
Masterabschluss	**Lernplan einhalten**	1. Videos schauen 2. Podcasts hören 3. Mit Menschen reden 4. Onlinetests 5. …	1. Schaue dir Lernvideos auf YouTube an 2. Höre dir Podcasts zum Lernthema an 3. Lerne mit anderen zusammen in einer Lerngruppe 4. Teste dein Wissen in Onlinetests 5. …
Saubere Wohnung	**Wohnung putzen**	1. Musik hören 2. Tanzen 3. Telefonieren 4. Meditieren 5. …	1. Höre deine Lieblingsmusik, während du die Wohnung putzt 2. Tanze beim Putzen durch die Wohnung (macht sogar schlank) 3. Telefoniere mit einer Freundin, während du putzt 4. Konzentriere dich voll und ganz aufs Putzen und atme bewusst 5. …
…			

Gönne dir noch einmal eine kurze Atempause auf deiner schönen Denkinsel, bevor du weiterliest. Eine Minute genügt.

Schließe die Augen. Stell dir vor, du bist an deinem Lieblingsurlaubsort. Fühle, wie deine Fußsohlen fest auf dem Boden stehen. Atme ruhig und tief ein und aus. Lass deine Gedanken über alle möglichen und auch unmöglichen vergnüglichen Aktivitäten fliegen, die dich an dein Ziel bringen.

Im dritten Teil des Holiday-Prinzips erkundest du, wie es dir gelingt, deine Erinnerungshilfen, deine Selbstbelohnungen und deine vergnüglichen Zielaktivitäten bewusst in den Alltag zu integrieren und eine Zielumsetzungsroutine zu entwickeln. Vielleicht so viel schon vorweg: Du lernst auf der Alpha-Welle zu surfen und die Kraft des Unbewussten zu nutzen.

Im nächsten Kapitel, *Flussfahrt,* erkundest du aber erst einmal die drei einfachsten und wirksamsten Strategien, mit denen du deine Aufmerksamkeit im Alltag leichter bewusst auf dein Ziel lenken kannst.

FAZIT

Freude bewahren

1. Schau dir schöne Fotos an
Verankere dein Ziel fest in deinem Gedächtnis. Formuliere das Ziel präzise und greifbar und nutze Erinnerungshilfen für alle deine Sinne, um dich an dein Ziel zu erinnern.

2. Gönne dir ab und an eine Belohnung
Belohne dich unterwegs zum Ziel so lange selbst, bis die Zielaktivität Routine ist und sich erste Erfolge einstellen.

3. Tu das, was dir Spaß macht
Finde Wege, wie du das, was du für dein Ziel tust, mehr genießen kannst. Probiere vergnügliche Zielaktivitäten aus.

7. Flussfahrt

Du nimmst nur das bewusst wahr, was im Fokus deiner Aufmerksamkeit liegt; und nur das kannst du umsetzen.

Dein Urlaubsziel hat die Kraft, deine Aufmerksamkeit zu bündeln und in eine Richtung fließen zu lassen. Auch im größten Alltagstrubel macht es Spaß, an Urlaub zu denken, Fotos anzuschauen und etwas darüber zu lesen. Dabei ist es vollkommen egal, wohin die Reise geht, ob du zum Beispiel auf dem Balkon oder den Bahamas Urlaub machst. Dein Urlaub bündelt deine Aufmerksamkeit wie das Flussbett das fließende Wasser oder ein Laser das Licht. Obwohl du im stressigen Berufs- und Familienalltag eigentlich überhaupt keine Zeit und Energie übrig hast, gelingt es dir, für dein Urlaubsziel zu planen, zu organisieren und den Urlaub zu realisieren.

Was ist bloß am Urlaub dran, was dein anderes Ziel nicht kann? Oder besser gesagt, noch nicht kann, denn das Holiday-Prinzip macht es möglich, die Aufmerksamkeit genauso für deine Alltagsziele zu bündeln wie für deine Urlaubsziele. Dein Aufmerksamkeitsfluss ist wie der Lichtstrahl einer Taschenlampe beim Campen in dunkler Nacht. Du siehst nur das, worauf du den Lichtstrahl richtest – und du nimmst nur das wahr, worauf du deinen Aufmerksamkeitsfluss richtest. Auf den nächsten Seiten erkundest du drei wirksame Strategien, um deine Aufmerksamkeit bewusst zu lenken.

2 Konzentriere dich auf dein Ziel wie auf deinen Urlaub

1. Reise mit leichtem Gepäck.
Im Urlaub gelingt es dir deshalb leichter, dich auf das zu konzentrieren, was du gerade tust, und dich nicht ablenken zu lassen, weil dein Urlaub übersichtlich ist. Gestalte deine Alltagsumgebung, in der du auf dein Ziel hinarbeitest, genauso übersichtlich und ablenkungsfrei wie deinen Urlaub, damit du dich leichter auf das konzentrieren kannst, was du für dein Ziel tust.

2. Sag freundlich Nein.
Im Urlaub setzt du das um, was du willst, und sagst Nein zu den Dingen, die du nicht willst. Du lässt dich durch andere nicht von dem ablenken, was du im Urlaub tun willst. Auch im Alltag hast du ein Recht darauf, Nein zu sagen, um dich auf das zu konzentrieren, was du für dein Ziel tust.

3. Mach Schluss, bevor Schluss ist.
Im Urlaub lässt du dich nicht von den unerledigten Dingen zu Hause ablenken. Dir gelingt es, dich auf deinen Urlaub zu konzentrieren, weil du die unerledigten Aufgaben zumindest vorläufig abgeschlossen hast. Mach das auch im Alltag. Schreibe dir alles auf, was unerledigt ist, beruflich wie privat, also: was genau zu tun ist und wann du es erledigen wirst. Damit sind die unvollendeten Aufgaben fürs Erste »verarztet« und du kannst dich leichter auf dein aktuelles Ziel konzentrieren.

Reise mit leichtem Gepäck

Deine Fähigkeit, dich auf etwas zu konzentrieren, also deine Aufmerksamkeit bewusst zu lenken, ist aus drei Gründen eine der wertvollsten Fähigkeiten, über die du verfügst. Erstens: Deine Aufmerksamkeit ist begrenzt. Zweitens: Du nimmst deshalb nur das bewusst wahr, worauf du deine Aufmerksamkeit absichtlich lenkst. Und drittens: Nur das, was im Fokus deiner Aufmerksamkeit liegt, hat überhaupt eine Chance, von dir umgesetzt zu werden. Die neuropsychologische Forschung hilft uns dabei, das Phänomen der Aufmerksamkeit besser zu verstehen und daraus hilfreiche Tipps abzuleiten, um mehr unserer Ziele leichter erreichen zu können. Am nächsten Info-Point erfährst du mehr.

Aufmerksamkeit

Aufmerksamkeit ist die Konzentration deiner Wahrnehmung auf bestimmte Reize. Da die Verarbeitungskapazität unseres Gehirns begrenzt ist, musst du auswählen, auf welche Informationen du deine Aufmerksamkeit richtest. Wie ein Flaschenhals reguliert deine Aufmerksamkeit so den Fluss eingehender Informationen. Du kannst deine Aufmerksamkeit auf etwas in deiner Umgebung, also nach außen, oder auf dich selbst, dein Verhalten, deine Gedanken und Gefühle, also nach innen lenken. Nur die Inhalte, auf die du deine Aufmerksamkeit bewusst richtest, gelangen in dein Arbeitsgedächtnis (Kurzzeitgedächtnis), wo sie für etwa 20 bis 45 Sekunden gespeichert werden. In dieser kurzen Zeitspanne kann die Umsetzung einer Absicht in die Tat stattfinden.

Einige Reize ziehen deine Aufmerksamkeit automatisch auf sich. Du reagierst reflexartig auf *Gefahrensignale*, wie zum Beispiel einen Knall (Orientierungsreflex). *Unbekanntes* zieht automatisch deine Aufmerksamkeit auf sich (Neugier). Und auch *Emotionales*, also Reize, die für dich mit starken Gefühlen verbunden sind, haben die Kraft, deine Aufmerksamkeit auf sich zu ziehen (Gefühle wie zum Beispiel Angst, Wut oder Freude zeigen, ob es dir gut geht, und sind damit wichtig für dich). Je stärker und je emotionsgeladener ein Reiz ist, desto wahrscheinlicher zieht er deine Aufmerksamkeit an. Daher spielen die Umgebung, in der du etwas für dein Ziel machen willst, und deine Bedürfnisse und Motive bei der Verteilung deiner Aufmerksamkeit eine große Rolle.

Die begrenzte Kapazität des Kurzzeitgedächtnisses von 20 bis 45 Sekunden ist übrigens die Ursache dafür, dass Unterbrechungen deiner Arbeit, die länger als 20 Sekunden dauern, dazu führen, dass du mit der Aufgabe, auf die du dich gerade konzentriert hast, von vorne anfangen kannst. Piept zum Beispiel dein Smartphone und du liest und beantwortest die eingehende Nachricht, ist das, was in deinem Arbeitsgedächtnis im Fokus deiner Aufmerksamkeit lag, weg und du musst es dir wieder zurückholen, das heißt dich neu einarbeiten.

Dein Urlaub hat die Kraft, deine Wahrnehmung zu einem starken Aufmerksamkeitsfluss zu bündeln. Denn wenn es dir so geht wie den meisten Menschen, dann hast du ein großes Bedürfnis nach Urlaub und ein starkes Interesse daran, deinen Urlaub zu verwirklichen – komme, was wolle. Du verbindest viele positive Gefühle damit, weil du seit deiner Kindheit regelmäßig Urlaub machst und schöne Erinnerungen daran hast. Das Unbekannte macht dich neugierig und manchmal ist es auch ein bisschen gefährlich, was du dir im nächsten Urlaub vornimmst. Kurzum: Dein Urlaub vereint alle Merkmale eines starken emotionalen Reizes – und deine Aufmerksamkeit fließt automatisch in diese Richtung, wie der Fluss zum Meer.

Bei deinen Zielen im Alltag sieht das oft anders aus. Im besten Fall hast du zwar ein großes Bedürfnis danach, ein Ziel zu erreichen, zum Beispiel dein Wohlfühlgewicht oder den Mastertitel, den neuen Job oder die größere Wohnung, aber der Weg dahin ist auf den ersten Blick oft wenig attraktiv und wenig abwechslungsreich. Für den Masterabschluss musst du zum Beispiel über viele Monate hinweg konzentriert lernen und für das Wohlfühlgewicht jeden Tag gesund essen und dich bewegen.

Dazu kommt eine Umgebung voll starker Reize, die dir Spannung, Spiel und Spaß versprechen, und viele von ihnen haben die Kraft, deine Aufmerksamkeit auf sich zu ziehen. Je mehr Reizen du in deinem Alltag aktiv oder passiv ausgesetzt bist, desto schwerer gelingt es dir, deine Aufmerksamkeit bewusst in Richtung deines Zieles fließen zu lassen.

Mit dem Holiday-Prinzip schaffst du es leichter, trotz der unaufhörlichen Informationsflut im Alltag und obwohl die Dinge, die du für dein Ziel tun musst, auf den ersten Blick oft wenig attraktiv sind, die Konzentration auf dein Ziel zu behalten. Wie du dabei vorgehst, erfährst du jetzt.

Du reagierst, wie jeder Mensch, immer und überall auf den stärksten und emotionalsten Reiz in deiner Umgebung. Nutze diesen biologischen Reflex für deine Zielerreichung, anstatt mit viel Kraft dagegen anzukämpfen. Stelle dir einmal vor, du willst für den Masterabschluss lernen und dich auf ein Fachbuch konzentrieren, doch neben dir liegt dein Smartphone und piepst. Welcher Reiz ist stärker? Fachbuch oder Smartphone? Und wie ist das auf dem Weg zum Wohlfühlgewicht mit dem Schokoriegel, der neben dem Apfel liegt? Es gibt zwei Wege, um deine Aufmerksamkeit bewusst auf das Fachbuch (den Apfel) zu lenken. Erstens: Schaffe dir eine übersichtliche und ablenkungsfreie Umgebung, das heißt, räume den Schokoriegel und das Smartphone weg. Reise mit leichtem Gepäck! Und zweitens: Gestalte deine Zielaktivitäten abwechslungsreich, interessant und attraktiv und damit so reizvoll, dass deine Aufmerksamkeit darauf fliegt.

Die Strategie der vergnüglichen Zielaktivitäten kennst du bereits aus dem Kapitel *Gipfelsturm*. Alles, was du gerne machst, gibt dir ein gutes Gefühl, und ein gutes Gefühl motiviert dich, etwas zu tun, um deine Absicht in die Tat umzusetzen. Gestaltest du dir das, was du für dein Ziel tun willst, abwechslungsreich und vergnüglich, verstärkt sich der Reiz, es auch wirklich zu tun. Beachte deshalb folgende einfache Regel: Tue das, was dir Spaß macht. Freue dich auf das, was du für dein Ziel machst. Denke dabei immer an deinen Urlaub. Deinen Urlaub verwirklichst du, weil du Lust darauf hast. Lust lenkt Aufmerksamkeit, so wie ein Flussbett den Fluss. So einfach ist das. Wie du es dir auf deiner Reise zum Ziel mit leichtem Gepäck leichter machst, deine Aufmerksamkeit bewusst zu lenken, schauen wir uns jetzt einmal näher an.

Reise mit leichtem Gepäck – das heißt, schaffe dir eine übersichtliche und ablenkungsfreie Umgebung, indem du zunächst einmal schaust, wie dein Umfeld aussieht, in dem du etwas für dein Ziel machen willst. Finde die Dinge, die dich ablenken und verlocken. Experimentiere ein wenig. Probiere aus, alle Dinge, die deine Konzentration stören, in eine Kiste zu packen und wegzuräumen, während du etwas für dein Ziel machst. Beschwere dich auf deiner Reise zum Ziel nicht unnötig mit viel Gepäck.

Sammle eigene Ideen, wie du dir deine Umgebung übersichtlicher und ablenkungsfreier gestaltest. Welche Dinge räumst du beiseite, welche Geräte schaltest du aus, um sie weder zu sehen noch zu hören, während du das tust, was du dir vorgenommen hast? Notiere dir einige Punkte in dein Notizbuch. Beispielsweise: das Smartphone auf Flugmodus in die Schublade, die Türklingel, die E-Mail-Benachrichtigung und das Festnetztelefon auf stumm schalten, den Bücherstapel auf dem Nachttisch aufräumen, das Radio und den Fernseher ausschalten, Schokoriegel aus dem Wandschrank räumen etc.

Denke an dein Ziel und an die Dinge in deiner Umgebung, die dich ablenken. Schreibe dir auf, was du wann und wie beiseiteräumst, um dich auf das zu konzentrieren, was du dir vorgenommen hast.

Durch diese kleine Maßnahme der Gestaltung einer übersichtlichen und ablenkungsfreien Umgebung wird es dir gelingen, die Aufmerksamkeit bewusst in Richtung Ziel fließen zu lassen und dadurch dein Ziel leichter zu verwirklichen.

Hier in Australien gibt es ein Sprichwort: *The more toys you have, the harder the work.* Je mehr Spielzeug du hast, desto schwerer ist es zu arbeiten. Du brauchst viel Energie, um Ablenkungen und Verlockungen wie dem Smartphone neben dem Fachbuch oder dem Schokoladenriegel neben dem Apfel zu widerstehen. Deine Aufmerksamkeit bewusst, das heißt willentlich weg von den Ablenkungen und Verlockungen in deinem Umfeld zu lenken, kostet dich eine enorme Kraft. Viel einfacher ist es, wenn du dafür sorgst, dass erst gar keine Verlockungen und Ablenkungen, wie zum Beispiel der Schokoriegel oder das Smartphone, existieren. Alles, was dich von deiner Zielaktivität ablenkt, kostet Energie, die du besser für dein Ziel einsetzt als dafür, den Ablenkungen zu widerstehen.

Denke zusätzlich, während du etwas für dein Ziel tust, an eben dieses zukünftige Ziel und daran, wie belohnend es sein wird, wenn du eine Etappe nach der anderen geschafft hast und am Ziel angelangt bist. Schaue dir dazu dein starkes Zielbild oder dein Zielsymbol an und lies auch immer wieder die Stichworte in deinem wertvollen Notizbuch. Am besten legst du auch regelmäßig eine kleine Denkpause ein. Unterbrich den unaufhörlichen Strom an Ablenkungen im Alltag und gönne dir eine Minute auf deiner schönen Denkinsel.

Schließe die Augen. Stell dir vor, du bist an deinem Lieblingsurlaubsort. Fühle, wie deine Fußsohlen fest auf dem Boden stehen. Atme ruhig und tief ein und aus und lass deine Gedanken fliegen.

Sag freundlich Nein

Das Leben hält nicht nur Schokoriegel und Smartphone bereit, um dich zu verlocken und deine Aufmerksamkeit abzulenken. Die wohl größte Herausforderung für deinen Aufmerksamkeitsfluss ist es, dich von den Menschen abzugrenzen, die es dir – meist ohne Absicht – schwer machen, dich auf dein Ziel und das, was du dafür tun willst, zu konzentrieren. Denke zum Beispiel an deine Arbeitskollegen, die dich immer wieder bitten, schnell etwas für sie zu übernehmen – und du willst eigentlich konzentriert deine Aufgaben erledigen, um beruflich voranzukommen. Oder an deine Familie, die dich immer wieder sonntags zum Familienessen einlädt – und du willst mehr Zeit für dich und deine Hobbys haben. Oder deine Freunde, die mit dir regelmäßig nach Feierabend in die Kneipe wollen – und du willst dich eigentlich mehr bewegen. Denke aber auch an die sehr emotionalen Beziehungen, zum Beispiel an deine liebe Oma, die mit dir zusammen ihren leckeren Erdbeerkuchen essen will – während du auf dem Weg zu deinem Wohlfühlgewicht bist.

Geht es dir so wie den meisten Menschen, dann fällt es dir in solchen Situationen unheimlich schwer, Nein zu sagen und stattdessen konsequent dein Ziel weiterzuverfolgen. Das ist eine echte Zwickmühle. Einerseits willst du bei deinem Ziel am Ball bleiben und andererseits willst du die Gefühle deiner Oma, der Arbeitskollegen oder deiner Freunde nicht verletzen. Und wenn wir ehrlich sind, dann ist so eine Ablenkung von außen manchmal ja auch ganz willkommen: »Ich würde ja den Kuchen stehen lassen, aber dann ist meine Oma traurig.« Die Erfahrung zeigt: Am Ende des Tages gewinnen häufig der Erdbeerkuchen der Oma, die Bitten der Arbeitskollegen oder die Einladung zum Feierabendbier – und das eigene Ziel bleibt auf der Strecke. Der Grund dafür ist leicht erklärt.

Du bist, wie jeder Mensch, ein soziales Wesen und auf andere angewiesen. Früher hat der Mensch in Stämmen gelebt, in kleinen Gruppen. Wer aus diesem Stamm ausbrach, hatte keine großen Überlebenschancen. Der wurde von wilden Tieren gefressen oder von anderen Stämmen erledigt. Deshalb fällt es dir so schwer, Nein zu sagen. Du willst deinen Stamm, deine Arbeitskollegen, deine Familie und deine Freunde nicht vor den Kopf stoßen, aus Angst davor, dass er dich dann nicht mehr mag, dich ablehnt und ausgrenzt.

Doch um deine Ziele zu erreichen, führt kein Weg daran vorbei, in manchen Situationen Nein zu anderen und damit Ja zu dir selbst zu sagen, um etwas für dich und dein Ziel zu tun. Das ist genauso wie im Urlaub. Überlege einmal, wie und mit wem du deinen Urlaub, die wertvollste Zeit des Jahres, verbringst. Verbringst du ihn mit Menschen, die du nicht magst, oder mit Dingen, die du nicht machen willst? Im Urlaub erlaubst du dir, exakt das zu tun, was du willst, und zwar mit den Menschen, die du magst.

Du erlaubst dir zum Beispiel zum frühen Aufstehen Nein zu sagen, wenn du ausschlafen willst, auch wenn das Frühstücksbuffet um 10.00 Uhr geschlossen wird. Du überlegst dir gut, welche Tagesausflüge du unternimmst, und sagst Nein zu Angeboten, die dich nicht interessieren. Und du bist erfinderisch, wie du zufällige und eher ungewollte Urlaubsbekanntschaft nicht mehr treffen musst. Du erlaubst dir zum Beispiel Bedenkzeit, wenn dich jemand fragt, ob du den Tagesausflug morgen mitmachen möchtest, und wenn du nicht willst, dann sagst du freundlich Nein.

Wie ist das im Alltag? Auch im Alltag hast du ein Recht darauf, freundlich Nein zu sagen, um dich auf das zu konzentrieren, was du für dein Ziel tust. Denke daran: Ein Nein zu anderen ist ein Ja zu dir selbst. Hier sind drei einfache und wirksame Wege, wie es dir in Zukunft auch im Alltag leichter gelingt, Nein zu sagen, ohne andere zu verletzen.

1. Nimm dir Bedenkzeit, bevor du Ja oder Nein sagst:
Dieser Tipp ist besonders hilfreich, wenn du wieder einmal eine unangenehme Aufgabe für Arbeitskollegen übernehmen sollst. Du musst nicht auf der Stelle Ja oder Nein sagen. Lass

dich nicht überrumpeln. Denke an deine eigenen Ziele und bitte um Bedenkzeit: »Gib mir fünf Minuten, ich muss schauen, ob ich dafür Zeit habe.« Prüfe, was genau es ist, was du übernehmen sollst, und ob du selbst genug Zeit, Kraft, Energie und Lust dazu hast. Und dann erlaube dir, Nein zu sagen, wenn dir danach ist.

2. Erlaube dir, Nein zu sagen:
Sobald du dir klarmachst, dass du für jedes Nein, das du nicht sagst, auch einen Preis zahlst, fällt es dir wahrscheinlich leichter, dir selbst die Erlaubnis dafür zu geben. Du bist kein schlechter Mensch, wenn du eine Bitte ablehnst oder eine Einladung ausschlägst. Gut für dich zu sorgen, ist kein Egoismus, sondern notwendiger Selbsterhalt. Du hast ein Recht darauf, Nein zu sagen: »Vielen Dank, dass ihr mich fragt, ob ich mit euch ins Kino will, aber heute nicht, ich möchte für meinen Master lernen.« Und Nein sagen kannst du auf eine freundliche Art.

3. Sage auf eine freundliche Art Nein:
Wichtig beim Neinsagen ist es, klar zu sein und dabei respektvoll zu bleiben. Du möchtest mit deinem Nein ja niemanden verletzen, besonders nicht die Oma, die Freunde oder nette Arbeitskollegen. Am besten bedankst du dich erst einmal: »Vielen Dank, liebe Oma. Dein Erdbeerkuchen ist der leckerste der Welt.« Und dann erklärst du, warum du heute leider kein Stück davon essen kannst: »Ich möchte abnehmen. Ich passe schon gar nicht mehr in meine Jeans. Aber ich trinke sehr gern eine Tasse Kaffee mit dir.«

Du hast immer eine Wahl. Achte einmal darauf, wie häufig du im Alltag denkst: »Ich muss das machen.« Zum Beispiel: »Ich muss dem Arbeitskollegen aber helfen, sonst ist der sauer.« »Ich muss den Erdbeerkuchen meiner Oma aber essen, sonst ist sie enttäuscht.« »Ich muss mit meinen Freunden ins Kino gehen, sonst fragen die mich nie mehr.« Und so weiter.

Ersetze den Gedanken »Ich muss …« durch die Haltung »Ich entscheide mich dafür, weil …« Zum Beispiel: »Ich entscheide mich dafür, meinem Arbeitskollegen zu helfen, weil mir das erst einmal leichter fällt, als Nein zu sagen und mich auf meine Aufgabe zu konzentrieren.« »Ich entscheide mich dafür, den Erdbeerkuchen meiner Oma zu essen, weil mir das leichter fällt, als Nein zu sagen, und weil ich glaube, etwas Süßes zu brauchen.« »Ich entscheide mich dafür, mit meinen Freunden ins Kino zu gehen, weil es mir schwerfällt, Nein zu sagen und Kino jetzt mehr Spaß macht als lernen.« Und so weiter. Sobald du dir klarmachst, dass du dich für oder gegen etwas entscheiden kannst, gelingt es dir leichter, dich für das zu entscheiden, was du dir vorgenommen hast. »Ich entscheide mich dafür, heute am Schreibtisch zu bleiben, um für meine Masterprüfung zu lernen, statt ins Kino zu gehen.« »Ich entscheide mich dafür, heute Obst statt Erdbeerkuchen zu essen, um auf meinem Weg zum Wohlfühlgewicht zu bleiben.« »Ich entscheide mich dafür, meine eigene wichtige Arbeitsaufgabe zu erledigen, um beruflich voranzukommen.« Probiere es gleich einmal aus.

Eines der wichtigsten Worte in deinem Leben ist das Wort »Nein«. Mache dir einmal klar, was es dich eigentlich kostet, zu oft Ja zu sagen. Wie viel Zeit investierst du, um Aufgaben für andere zu erledigen, anstatt dein Ziel zu verfolgen? Wie viel mehr musst du dich bewegen, wenn du den Erdbeerkuchen isst oder das Feierabendbier mit den Kollegen trinkst? Wie viel Energie kostet es dich, im Stress zu sein oder dich zu ärgern, weil du Ja gesagt hast, als du eigentlich Nein sagen wolltest? Überlege einmal, wie du selbst damit umgehst, wenn jemand zu dir Nein sagt. Zeigst du Verständnis und akzeptierst das Nein? Dann sollten andere auch dein Nein akzeptieren.

Pythagoras von Samos sagte: *Die kürzesten Wörter, nämlich »ja« und »nein«, erfordern das meiste Nachdenken.* Es lohnt sich, darüber nachzudenken, denn du kannst in keinem anderen Moment so viel Zeit und Energie sparen wie in dem Augenblick, in dem du Nein sagst, wenn du Nein meinst. Denke immer an deinen Urlaub und daran, dass deine Zeit das Wertvollste ist, was du hast. Es gibt nie genug Zeit, um alles umzusetzen, was dir wichtig ist. Kümmerst du dich zu viel um die Bitten, Wünsche und Ziele anderer, hast du am Ende keine Zeit mehr dafür, deine eigenen Ziele zu verwirklichen. Fokussiere deine Aufmerksamkeit auf die Ziele, die dir besonders wichtig sind. So wie du das auch bei deinem Urlaub machst, den du mit Menschen verbringst, die du magst, und mit Dingen, die du wirklich machen willst.

Überlege gleich einmal, wann, in welcher Situation und wem gegenüber du dich das nächste Mal mit einem freundlichen Nein abgrenzt, um dich weiter auf dein Ziel konzentrieren zu können. Und dann übe das Neinsagen, indem du dir zum Beispiel vornimmst, dreimal am Tag wirklich Nein zu sagen, wenn dir danach ist.

Zeit für die Insel. Gönne dir eine kleine Atempause auf deiner Denkinsel. Eine Minute genügt.

Schließe die Augen. Stell dir vor, du bist an deinem Lieblingsurlaubsort. Fühle, wie deine Fußsohlen fest auf dem Boden stehen. Atme ruhig und tief ein und aus und fokussiere dich darauf, was dir wirklich wichtig ist.

Mach Schluss, bevor Schluss ist

Deine Aufmerksamkeit wird nicht nur von den Menschen und den Dingen in deiner Umgebung angezogen und dadurch oft von deinem eigentlichen Ziel abgelenkt. Dein Aufmerksamkeitsfluss wird auch von deinen eigenen Gedanken und Gefühlen abgelenkt. Überlege einmal, wie schwer es dir fällt, dich auf eine Aufgabe zu konzentrieren, wenn du zum Beispiel verliebt oder ängstlich bist, wenn du Sorgen hast oder Stress. Wie bist du bislang mit diesen inneren Ablenkungen umgegangen?

Unsere Gefühle und Gedanken lenken uns oft mehr ab, als uns lieb ist. Der Grund dafür ist psychologisch gut erforscht. Und wenn wir ihn verstehen, finden wir leichter einen guten Weg, wie wir mit inneren Ablenkungen so umgehen können, dass sie uns nicht daran hindern, unsere Ziele zu erreichen. Mehr dazu am nächsten Info-Point.

Monkey Mind

Unerledigte Aufgaben bleiben so lange im Gedächtnis, bis sie abgeschlossen sind. Unvollendete Dinge beschäftigen dich und lenken dich von dem ab, auf das du dich eigentlich konzentrieren willst. Das ist, als ob Affen von einem Baum zum anderen springen. Die Buddhisten nennen dieses Phänomen Monkey Mind. Das hat nicht nur Nachteile, aber dazu kommen wir später (Stichwort: Hemingway-Methode). Das Phänomen hat in der Psychologie auch einen Namen: Zeigarnik-Effekt. Er besagt, dass Menschen sich an nicht beendete Aufgaben eher erinnern als an abgeschlossene Aufgaben. Der Name geht zurück auf die russische Psychologin Bljuma Wulfowna Zeigarnik, die das Phänomen Mitte der 1920er-Jahre bei einem Kellner in einem Café in Berlin beobachtet hat. Ihr war aufgefallen, dass der Kellner sich die Bestellungen der vielen verschiedenen Gäste im Kopf merken konnte. Sobald er allerdings die gewünschten Speisen und Getränke an den richtigen Tisch gebracht hatte, konnte er sich bereits wenige Minuten später nicht mehr daran erinnern, wer was bestellt hatte. Er erinnerte sich demnach nur an Bestellungen, die er noch nicht abgeschlossen hatte.

Dieser Effekt ist sinnvoll, denn unabgeschlossene Aufgaben wollen schließlich beendet werden. Deshalb ist es gut, wenn wir uns daran erinnern. Allerdings kann gerade das zum Nachteil werden, denn aus verschiedenen Gründen schaffen wir es häufig nicht, alle Aufgaben vor Feierabend, vor dem Einschlafen oder vor dem Urlaub zu erledigen. Der Zeigarnik-Effekt führt dann dazu, dass dir auch in der Freizeit durch den Kopf geht, welche E-Mails und Telefonate du noch führen musst und welche Projekte noch offen sind. Das ist nicht nur lästig und stressig, sondern du kannst dich dadurch auch nur schwer auf deine eigenen Ziele konzentrieren.

Glücklicherweise bist du dagegen nicht machtlos. Du kannst dein Gehirn austricksen, indem du die Aufgaben vorläufig abschließt und damit Schluss machst, bevor Schluss ist. Dabei hilft dir deine To-do-Liste. Schreibe alle unerledigten Aufgaben, beruflich wie privat, auf, also: was genau zu tun ist und wann du es erledigen wirst. Damit sind die unvollendeten Aufgaben für das Gehirn fürs Erste »verarztet« und du kannst dich auf deine Ziele nach Feierabend konzentrieren. Indem du die Aufgaben auf eine To-do-Liste auslagerst, hast du sie gefühlt zumindest vorübergehend abgeschlossen, bis du dich wieder bewusst daransetzt. Die Methode des vorläufigen Abschlusses funktioniert nicht nur mit unerledigten Aufgaben, sondern auch mit Gefühlen, die dich belasten und einfach nicht loslassen. Erlaube dir, diese Gefühle später anzuschauen, um dich jetzt auf dein Ziel zu konzentrieren. Du kannst den Zeigarnik-Effekt auch umgekehrt nutzen, um es dir leichter zu machen, mit einer Aufgabe anzufangen. Ich nenne diese Strategie, die auch als Hemingway-Methode bekannt ist: »Packe den Koffer, bevor du verreist«. Wie sie funktioniert, erkundest du im nächsten Kapitel, *Kofferpacken*.

Nutze die Methode des vorläufigen Abschlusses, um deinen Kopf frei zu bekommen und dich leichter auf deine Ziele zu konzentrieren. Wie du dabei vorgehst, erfährst du jetzt.

Deine Gedanken und Gefühle an unerledigte Aufgaben und ungelöste Probleme kommen dir immer wieder in den Kopf. Alle unerledigten Dinge binden deine Aufmerksamkeit so lange, bis du sie erledigt hast. Du hast dir zum Beispiel eine Wochenplanung gemacht, um bei der Arbeit gute Ergebnisse zu erzielen. Montag und Dienstag klappt alles gut. Mittwochmorgen beim Frühstück streitest du dich mit deinem Partner. Der Streit beschäftigt dich den ganzen Tag. Du sorgst dich um deine Beziehung, und es fällt dir schwer, dich auf deine Aufgaben zu konzentrieren. Dein Wochenziel ist in Gefahr. Oder du kommst mal wieder später als geplant aus dem Büro und einige der Aufgaben bleiben heute unerledigt. Eigentlich willst du noch zwei Stunden für deine Masterprüfung lernen. Doch deine Gedanken an die unerledigten Aufgaben lassen dich einfach nicht los. Du kannst dich nicht konzentrieren.

Wenn du konzentriert an einer Aufgabe arbeiten willst und merkst, dass dich Gedanken an eine andere Aufgabe oder Gefühle über ein ungelöstes Problem ablenken, kannst du den Zeigarnik-Effekt nutzen. Sage einfach leise zu dir: »Stopp, jetzt lerne ich. In zwei Stunden kümmere ich mich um den Gedanken X (das Gefühl Y, die Aufgabe Z).« Und schreibe dir auf, was genau zu tun ist und wann du es erledigen wirst – wann du dich um deine Beziehung kümmerst oder wann du die ungelöste Aufgabe erledigst. Dadurch schließt du den Gedanken oder das Gefühl vorläufig ab, machst Schluss, bevor Schluss ist, und deine Aufmerksamkeit kann wieder leichter in Richtung deines Ziels und dem fließen, was du dir dafür vorgenommen hast.

Überlege einmal, was du im Urlaub machst, wenn du nach Wochen der Anstrengung plötzlich am Reiseziel ankommst und erst einmal gar nicht abschalten kannst. Was machst du, wenn dich die Gedanken an die Arbeit einholen und dich das Gefühl an die unerledigten Aufgaben nicht loslässt? Du erlaubst dir, den Job Job sein zu lassen und zwei Wochen an andere Dinge zu denken als an die Arbeit. Du erinnerst dich selbst daran, dass du nach dem Urlaub alles, was liegen geblieben ist, erledigen kannst. Vielleicht schreibst du dir noch einige Notizen dazu in dein Notizbuch oder deine Smartphone-Notes auf – wenn du das nicht schon vor dem Urlaub getan hast. Du beruhigst dich selbst, indem du dir sagst, dass du jetzt sowieso nichts machen kannst. Damit schaffst du so etwas wie einen vorläufigen Abschluss; anschließend »konzentrierst« du dich darauf, deinen Urlaub zu genießen, und machst all die schönen Dinge, auf die du so lange gewartet hast.

Im Alltag funktioniert das genauso. Wenn du etwas für dein Ziel tun willst, doch deine Gedanken und Gefühle an etwas noch Unerledigtes holen dich ein, dann kannst du dir erlauben, diese Gedanken auf später zu verschieben und damit vorläufig abzuschließen. Schreibe dir dazu einfach immer auf, was genau du wann erledigen wirst, und beende damit das Gedankenkarussell. Damit beruhigst du die »Affen im Kopf«.

Nutze dein Notizbuch dafür, To-do-Listen aufzuschreiben und damit die unerledigten Aufgaben vorläufig abzuschließen.

Welche der drei Strategien spricht dich auf Anhieb am meisten an? Was glaubst du, mit welcher Strategie kannst du deine Aufmerksamkeit am wirksamsten auf dein Ziel konzentrieren, wenn der Sturm der alltäglichen Ablenkungen über dich hereinbricht? Probiere gleich einmal aus, was dir am hilfreichsten erscheint: Gestalte deine Umgebung ablenkungsfrei und deine Zielaktivität abwechslungsreich. Übe dich im freundlichen, aber klaren Neinsagen – du hast ein Recht darauf. Und teste bei unerledigten Aufgaben, die dich von deinem Ziel ablenken, den vorläufigen Abschluss, indem du die unerledigten Dinge für später auf deine To-do-Liste schreibst.

Wenn du jede einzelne der drei Strategien zur Steuerung deines Aufmerksamkeitsflusses täglich konsequent einsetzt, dann ist sie so wirksam, dass sie schon für sich allein genommen die Zielerreichung erleichtern und beschleunigen wird.

FAZIT

Konzentration wachhalten

Beachte: Du reagierst, wie jeder Mensch, immer und überall auf den stärksten und emotionalsten Reiz in deiner Umgebung.

1. Reise mit leichtem Gepäck
Gestalte deine Umgebung übersichtlich und ablenkungsfrei und deine Zielaktivität abwechslungsreich.

2. Sag freundlich Nein
Sage nicht Ja, wenn du eigentlich Nein sagen willst. Du hast, wie jeder Mensch, ein Recht darauf, freundlich Nein zu sagen.

3. Mach Schluss, bevor Schluss ist
Schließe unerledigte Dinge vorläufig ab, indem du auf eine To-do-Liste schreibst, was du wann warum tun wirst.

Im dritten Teil des Holiday-Prinzips erfährst du, wie es dir gelingt, eine alltagstaugliche Zielumsetzungsroutine aufzubauen. So viel vielleicht schon vorab: Es geht dabei um Spaß, um dein Urlaubsfeeling und die Frage, was du machst, bevor du schlafen gehst.

Im nächsten Kapitel, *Kofferpacken*, geht es aber erst einmal um deine Planungsfähigkeit und um die drei wirksamsten Strategien, mit denen du es dir leichter machst, deine Planungsfähigkeit bewusst für deine wichtigen Ziele einzusetzen.

8. Kofferpacken

Du erreichst mehr, indem du weniger arbeitest.

Die Koffer sind gepackt. Alles, was du für einen perfekten Urlaub brauchst, ist vorbereitet. Du kennst das Urlaubsziel, vielleicht die Südseeinsel, und hast dein Gepäck passend zusammengestellt. Du weißt, wie du auf die Insel kommst, und bist innerlich auf einen langen Flug vorbereitet. Du weißt genau, wie lange du auf deiner Trauminsel sein wirst, und du hast dir einen Plan für die kostbaren Urlaubswochen gemacht, um die Zeit auch gut zu nutzen. Für alle Fälle hast du auch einen Plan B in der Tasche, man weiß ja nie, was unterwegs alles passiert. Zu Hause sind die wichtigsten Dinge erledigt oder zumindest vorläufig abgeschlossen, damit du den Kopf frei hast für die schönste Zeit im Jahr. Jetzt kann's losgehen.

Gehst du bei deinen Zielen, die du im Alltag umsetzen willst, genauso planvoll vor wie bei deinen Urlaubzielen? Überlege einmal, wie viel Zeit du für deine jährliche Urlaubsplanung investierst. Für jeden deiner Urlaube, ob zu Hause auf dem Balkon oder auf der Südseeinsel, ob in Schweden oder im Bayerischen Wald, schaust du dir wahrscheinlich stundenlang Fotos und Reiseberichte an, recherchierst nach günstigen Flügen und guten Unterkünften und tauschst dich mit anderen aus, die schon mal dort waren, wo du hinwillst. Selbst wenn du zu Hause auf dem Balkon bleibst, googelst du nach Ideen für den »Urlaub auf Balkonien« und gehst in den Baumarkt, um dein Balkonparadies zu verschönern.

Deine ganze Planung und Vorbereitung für den Urlaub hat ein Ziel: dir die schönste Zeit des Jahres so schön wie möglich zu machen. Und dafür nutzt du ganz automatisch drei goldene Strategien der Zielplanung. Auf den nächsten Seiten erkundest du, wie es dir gelingt, diese Holiday-Strategien auch für deine Ziele im Alltag zu nutzen.

3 Plane für dein Ziel wie für deinen Urlaub

1. Packe den Koffer, bevor du verreist.
Sobald du beginnst, deinen Urlaub zu planen, zieht dich dies in die weitere Urlaubsvorbereitung hinein. Beginne auch im Alltag damit, für dein Ziel zu planen. Der Anfang zieht dich in die Aufgabe hinein und du bist motiviert weiterzumachen.

2. Mach dir die Zeit kostbar.

Deine Urlaubszeit ist kostbar für dich, weil sie begrenzt ist. Deshalb überlegst du ganz genau, wie du deine Zeit am besten nutzt, um das meiste daraus zu machen. Begrenze auch die Zeit, die dir für deine Zielaktivitäten im Alltag zur Verfügung steht, damit sie wertvoll für dich wird und du sie effizient nutzt.

3. Mach dir einen Plan B.

Im Urlaub machst du dir für jede Wetterlage einen Plan B. Du planst vorausschauend, damit dein Urlaub auf jeden Fall schön wird – egal, was kommt. Plane auch für deine Ziele, was du tun wirst, wenn etwas nicht so klappt, wie du es dir vorgestellt hast, damit du auf jeden Fall am Ziel ankommst.

Packe den Koffer, bevor du verreist

Du hast auf keine andere deiner fünf Fähigkeiten, Willenskraft zu entwickeln, einen schnelleren und größeren Einfluss als auf deine Fähigkeit, vorausschauend zu planen. Ein Stück Papier, ein Stift und wenige Minuten reichen aus. Gleich hier und jetzt: Was machst du wann und wie für dein Ziel? Mit keiner anderen Fähigkeit steigerst du die Wirksamkeit deiner Aktivitäten für die Zielerreichung leichter.

Planung

Planen gibt Denken eine Struktur. Das Gehirn liebt Strukturen. Alles, was du denken kannst, kannst du planen. Alles, was du planen kannst, kannst du auch umsetzen. So wie die Architektin das Haus nach einem Plan baut, den sie aus ihren Gedanken auf Papier gebracht hat. Die Fähigkeit zu planen ist die Grundlage für jede Zielumsetzung und deshalb so ungeheuer wichtig.

Stephen R. Covey, ein US-amerikanischer Managementberater, sagte: *The physical creation always follows the mental.* Das, was tatsächlich entsteht, folgt immer dem, was zuvor mental entstanden ist.

Schreibe dir auf, welches Ziel du erreichen willst, warum du es erreichen willst und was du wann und wie dafür machst, um es tatsächlich zu erreichen. Schau mal in dein Notizbuch, vielleicht hast du dir das alles bereits notiert.

Welches Ziel willst du erreichen? Warum? Was machst du wann und wie, um das Ziel tatsächlich zu erreichen?

Dein Plan steht. Aber wie anfangen? Der griechische Philosoph Aristoteles sagte: *Der Anfang ist die Hälfte des Ganzen.* Wer sich schon einmal überwinden musste, um mit einer Aufgabe anzufangen, weiß, was Aristoteles damit meint. Die Psychologie hält eine gute Strategie bereit, um dir den Anfang einfacher zu machen. Sie lautet: *Fang an, bevor du anfängst.* Oder anders gesagt: *Bereite dich vor, bevor du anfängst.* Du kennst das von deiner Urlaubsplanung. Du packst den Koffer, bevor du verreist. Mach das bei deinen Zielen genauso. Im Folgenden findest du einen guten Weg, wie es dir leichter gelingt, anzufangen und dranzubleiben.

Du versuchst vielleicht seit einigen Wochen, gesünder zu essen oder deinen Lernplan für die Masterprüfung einzuhalten, aber es fällt dir schwer anzufangen. Packe den Koffer, bevor es losgeht. Bereite dich vor. Lege dir zum Beispiel die Banane und den Apfel schon abends auf den Küchentisch, um das Obst morgens zu essen, statt automatisch zum Schokomüsli zu greifen. Oder lege dir das Fachbuch und die Prüfungsaufgaben morgens auf den Schreibtisch, um nach Feierabend gleich mit dem Lernen loslegen zu können. Schon mit dieser kleinen Maßnahme fängst du an, bevor du anfängst, und schaffst für dein Gehirn eine unerledigte Aufgabe. Da unser Gehirn keine unerledigten Aufgaben mag, beschäftigen dich die Banane oder das Fachbuch oft ganz unbewusst so lange, bis du das, was du dir vorgenommen hast, abschließt. Du kennst diesen Effekt schon in umgekehrter Form aus dem letzten Kapitel, *Aufmerksamkeitsfluss:* den Zeigarnik-Effekt. Er besagt, dass unerledigte Aufgaben so lange im Gedächtnis bleiben und dich beschäftigen, bis sie abgeschlossen sind. Was dich manchmal stört, weil dich deine Gedanken an unvollendete Aufgaben im Büro oder in der Familie von dem ablenken, was du jetzt für dich machen willst, ist jetzt jedoch hilfreich, wenn es um das geht, was du dir vorgenommen hast zu tun.

Du kannst die Methode noch ausweiten. Hast du abends nach einem stressigen Arbeitstag zum Beispiel absolut keine Lust mehr, noch weitere zwei Stunden zu lernen, dann setze dich trotzdem an den vorbereiteten Schreibtisch und fange zumindest an zu lesen. Nur ein paar Minuten lang. Der Trick funktioniert immer: *Anfangen, nur ein paar Minuten lang!* Wenn du erst einmal angefangen hast, will dein Gehirn die Aufgabe erledigen, auf die es sich eingestellt hat. Trickse dein Gehirn aus, indem du ihm eine unerledigte Aufgabe vorspielst. Plane einen Anfang vor dem Anfang. Diese Methode ist auch als Hemingway-Methode bekannt. Hemingways Trick war es, seine Arbeit immer bewusst an einer Stelle zu unterbrechen, an der er auch noch hätte weitermachen können, um am nächsten Tag möglichst schnell wieder hineinzufinden. Da angefangene und unterbrochene Aufgaben im Gedächtnis bleiben, bist du nach einer Pause auch motivierter, direkt weiterzuarbeiten. Wichtig beim Anfang vor dem Anfang ist es, die Umgebung vorbereitet zu haben, sodass du während »der paar Minuten« alles parat hast und dich nichts und niemand stört. Dann wirst du in die Aufgabe hineingezogen und willst sie auch wie geplant beenden.

Die produktivsten Menschen nehmen sich die wenigen Minuten Vorbereitungszeit, um ihren Arbeitsplatz so zu gestalten, dass sie gerne dort etwas für ihr Ziel tun, dafür alles parat haben und sie niemand stört, während sie konzentriert arbeiten. Je ordentlicher, übersichtlicher und störungsfreier du den Ort organisierst, an dem du etwas für dein Ziel machen willst, desto leichter fällt es dir, mit einer Aufgabe anzufangen, »nur für ein paar Minuten«, und dranzubleiben, so lange, bis du das geschafft hast, was du dir vorgenommen hast.

Fange an, bevor du anfängst, auch wenn es dir manchmal schwerfällt. Nur für ein paar Minuten. Denke an deinen Urlaub. Packe den Koffer, bevor du verreist. Überlege gleich einmal, für welche Ziele du deinen Koffer packst, bevor du abfliegst. Gönne dir dazu wieder eine kleine Auszeit auf deiner Denkinsel. Eine Minute reicht vollkommen aus.

Schließe die Augen. Stell dir vor, du bist an deinem Lieblingsurlaubsort. Fühle, wie deine Fußsohlen fest auf dem Boden stehen. Atme ruhig und tief ein und aus und denke ein wenig über die Hemingway-Methode und das »Kofferpacken« nach.

Mach dir die Zeit kostbar

Die zweite Planungsstrategie, mit der du dir das Leben leichter machst, wird dich begeistern. Denke einmal darüber nach, warum dein Urlaub so kostbar für dich ist. Deine Urlaubszeit ist begrenzt und deshalb so wertvoll. Alle knappen Ressourcen sind wertvoll. Deshalb planst du ganz genau, wie und mit wem und wo du deinen Urlaub verbringst, um wirklich jede Minute davon zu genießen. Das Urlaubsphänomen der begrenzten Zeit funktioniert auch bei deinen Alltagszielen. Wende die Strategie der Zeitbegrenzung an, wenn du etwas für deine Ziele machst. Du wirst staunen, denn du schaffst mehr, wenn du die Zeit, die dir zur Verfügung steht, um etwas für dein Ziel zu tun, begrenzt. Viele psychologische Studien belegen diesen verblüffenden Zusammenhang: Du erreichst mehr, indem du weniger arbeitest.

Am nächsten Info-Point erfährst du, warum das funktioniert – und wie.

Mehr erreichen durch weniger arbeiten

Denke an dein Ziel und daran, was du dafür machen willst und kannst. Ist dein Ziel zum Beispiel der Masterabschluss und willst du am Wochenende für eine wichtige Prüfung lernen? Wie viel Zeit steht dir zur Verfügung? Das ganze Wochenende? Nun mache mal das folgende Gedankenexperiment: Was passiert in dir, was spürst du, wenn du die Zeit verknappst, die dir zur Verfügung steht, und du zum Beispiel statt Samstag und Sonntag nur am Samstag vier Lernstunden als verfügbare Zeit einplanst? Dein Gehirn fängt sofort damit an, die knappe Zeit effizient nutzen zu wollen. Du überlegst, wie du dir die Aufgabe so organisieren kannst, dass du sie auch in vier Stunden schaffst, statt das ganze Wochenende dafür aufzuwenden. Das funktioniert so, weil dein Gehirn eine Art Überlebensmodus einschaltet, wenn es eine für dich wichtige Ressource als knapp wahrnimmt.

Steht dir sehr viel Zeit für eine Aufgabe zur Verfügung, schafft dein Gehirn keine Strukturen, um die Zeit effizient zu nutzen, weil es die Lage so einschätzt, dass Zeit im Überfluss vorhanden sei. Dadurch fällt es dir schwer anzufangen. Du schiebst den Anfang hinaus, prokrastinierst, weil du ja gefühlt genug Zeit hast. Dein Gehirn denkt, dass der Hausputz, die Steuererklärung oder die Lerneinheit für den Master das Einzige zu Erledigende seien und dass dies noch ein wenig warten könne.

Es fällt dir aber nicht nur schwerer, mit etwas anzufangen, du brauchst auch länger, um die Aufgabe zu erledigen, wenn du mehr Zeit dafür hast. Das klingt paradox, doch viele Studien belegen: Du brauchst immer so viel Zeit für die Erledigung einer Aufgabe, wie du auch zur Verfügung hast, das heißt, wie du dir einplanst. Dein Gefühl sagt dir etwas anderes, dass du so viel Zeit wie möglich brauchst, um etwas für dein Ziel zu tun, und dass es sich gar nicht lohnt, damit anzufangen, wenn dir nicht möglichst viel Zeit für deine Zielaktivität zur Verfügung steht. Doch das stimmt nicht. Probiere es aus. Verhalte dich kontraintuitiv. Verknappe die Zeit, die dir zur Verfügung steht. So erreichst du mehr durch weniger arbeiten.

Wie du dabei vorgehst, dir auch deine Zeit im Alltag wertvoll zu machen, das erfährst du jetzt.

Egal, ob es sich um die Lerneinheit am Wochenende handelt, ob dir sechs Stunden am Freitagnachmittag für die Steuererklärung oder der ganze Donnerstag für den Hausputz zur Verfügung stehen, oft ist es demotivierend, eine sehr lange Zeitspanne für die Arbeit an einem Ziel einzuplanen. Ein riesiger Berg an Arbeit schreckt ab. Dann hockst du lustlos herum, fängst halbherzig an oder lässt es gleich ganz sein. So seltsam es klingt, verknappe die Zeit, die du für die Aufgabe nutzen »darfst«. Mach die Alltagszeit damit so wertvoll wie deine Urlaubszeit. Du wirst staunen, dass es dir mit dieser Strategie leichter fällt anzufangen und dass die kürzere Zeiteinheit ausreicht, um alles gut zu erledigen. Du kannst dich über die gewonnene freie Zeit freuen und sie gleich zur Entspannung nutzen. Zum Beispiel auf deiner schönen Denkinsel, in Gedanken an deinem Lieblingsurlaubsort.

Schließe die Augen. Stell dir vor, du bist an deinem Lieblingsurlaubsort. Fühle, wie deine Fußsohlen fest auf dem Boden stehen. Atme ruhig und tief ein und aus und lass deine Gedanken fliegen. Nehme wahr, wie du bereits diese begrenzte Zeit auf der Denkinsel nutzt, um deinem Ziel mit mehr Leichtigkeit näher zu kommen.

Am besten verknappst du die Zeit, die dir zur Verfügung steht, um eine Aufgabe für dein Ziel zu erledigen, generell immer um einen angemessenen Teil. Achte darauf, dass du dabei realistisch bleibst. Als Faustformel kannst du ein Viertel nehmen: Plane dir immer 25 Prozent weniger Zeit für eine Aufgabe ein, als dir zur Verfügung steht. Machst du damit gute Erfahrungen, bleibe bei dem Viertel. Ansonsten variiere die Zeitverknappung, bis sie für dich stimmig ist. Höre nach der festgelegten Zeit dann auch tatsächlich auf, an der Sache zu arbeiten. Denke immer an deinen Urlaub. Deine Urlaubszeit ist begrenzt, deshalb ist sie wertvoll und deshalb nutzt du die Zeit gut.

Probiere die Zeitverknappungsstrategie diese Woche gleich zwei-, dreimal aus. Notiere dir dazu jetzt einige Stichworte in deinem Notizbuch oder deinen Smartphone-Notes.

In welchen Alltagssituationen und bei welchen Zielaktivitäten nutzt du die Zeitverknappungsstrategie?

Und hier kommt die dritte Planungsstrategie, mit der es dir leichter gelingt, auf dem Weg zu deinen Zielen zu bleiben, auch wenn unterwegs Hindernisse auftauchen.

Mach dir einen Plan B

Manchmal passieren unterwegs zum Ziel Dinge, mit denen du nicht rechnest. Das ist bei deinen Zielen im Alltag nicht anders als bei deinen Urlaubszielen. Egal, wie intensiv du vorausplanst, was du wann und wie für dein Ziel machst, es ereignen sich eigentlich immer unvorhergesehene Dinge, die dich vom Weg abbringen können. Mithilfe der dritten Planungsstrategie, der einfachen Frage »Was mache ich, wenn …?«, gelingt es dir leichter, auf dem Weg zu bleiben. Die Strategie ist einfach und du beherrscht sie schon, weil du sie in deinen Urlauben schon immer anwendest. Jetzt erfährst du mehr darüber.

Was machst du im Urlaub, wenn du etwas Schönes für den nächsten Tag geplant hast und dann kommt etwas dazwischen? Du fliegst zum Beispiel nach Teneriffa, um die schönsten drei

Wochen des Jahres dort zu verbringen. Ein wenig Trekking. Ein wenig Strand. Ein wenig Kultur. Für morgen planst du eine Tagestour im Nationalpark El Teide. Du wachst morgens auf und das Wetter ist, anders als angekündigt, alles andere als Trekkingtour-geeignet. Was machst du? Kein Problem, denn du hast einen Plan B in der Tasche: **Wenn** es am Tag der geplanten Trekkingtour stark regnet und windet, **dann** fahre ich mit meinem Mietwagen in die Hauptstadt nach Santa Cruz und schaue mir die Museen an.

Dein Plan B ist ein einfacher Wenn-dann-Plan. Du nimmst gedanklich vorweg, was du machen wirst, wenn ein Hindernis auftaucht. Wende diese einfache und hochwirksame Wenn-dann-Strategie auch für deine Ziele an. Plane immer im Voraus, was du machen wirst, wenn ein Hindernis auftaucht. Dabei kannst du natürlich nicht alle Eventualitäten vorwegnehmen. Das musst du auch gar nicht. Überlege, wie die wahrscheinlichsten Hindernisse auf dem Weg zu deinem Ziel aussehen können.

Du willst morgens vor der Arbeit joggen, um dein Ziel »mehr Fitness« zu erreichen? Was machst du, wenn es regnet, was, wenn du dich zu müde fühlst oder wenn du auf Dienstreise bist?

Du willst dich gesünder ernähren, um dein Wohlfühlgewicht zu erreichen? Was machst du, wenn dich deine liebe Oma zum Erdbeerkuchen mit Sahne einlädt, was, wenn du mit einer Freundin ausgehst oder wenn ein Familiengeburtstag ansteht? Du willst zweimal die Woche nach Feierabend pünktlich um 18.00 Uhr zu Hause am Schreibtisch sitzen und für deine Masterprüfung lernen? Wie sieht dein Wenn-dann-Plan aus, wenn du später als geplant aus dem Büro kommst? Was machst du, wenn dein Partner oder deine Kinder etwas mit dir unternehmen wollen oder dich ein Kollege noch zum Feierabendbier einladen will?

Überlege im Voraus und lerne aus deinen Erfahrungen von früher, welche Hindernisse auf dem Weg zu deinem Ziel wahrscheinlich auftreten können. Denke einmal nach, in welchen Situationen du bislang Schwierigkeiten hattest, auf dem Weg zu deinem Ziel zu bleiben. Schreibe dir die möglichen Hindernisse in dein Notizbuch oder deine Smartphone-Notes und auch, wie dein Plan B aussieht, wenn das jeweilige Hindernis tatsächlich eintreten sollte.

Schreibe dir einige Stichworte dazu auf, welche Schwierigkeiten unterwegs zu deinem Ziel auftauchen könnten und was du machen wirst, wenn die Hindernisse tatsächlich auftreten. Was ist dein Plan B?

Wenn es dir so geht wie den meisten Menschen, dann kennst du die Hindernisse auf dem Weg zu deinem Ziel recht gut. Es sind zum Beispiel die Werbeblöcke beim Fernsehen, die dich wie ferngesteuert gleich online etwas shoppen lassen. Oder die ständigen WhatsApp-, Messenger- und Instagram-Mitteilungen aus dem Freundeskreis, die es dir schwer machen, dich auf deine Lerneinheit zu konzentrieren. Natürlich ist es am besten, wenn du dich erst gar nicht in eine solche Situation begibst, das heißt, wenn du vorausschauend planst und das Smartphone auf Flugmodus in die Schublade räumst. Aber das ist im Alltag nicht immer möglich.

Dafür gibt es den Plan B. Mithilfe deiner Wenn-dann-Pläne unterbrichst du eine gewohnte Handlungskette im Voraus, bevor sie stattfindet. Denn wie jeder Mensch reagierst auch du auf ganz bestimmte auslösende – neue, starke, emotionale – Reize mit einem bestimmten Verhalten. Zum Beispiel möchtest du ein Stück Schokolade essen, wenn du im Fernsehen eine Schokoladenwerbung siehst. Ist es jedoch dein Ziel, in den nächsten acht Wochen acht Kilogramm abzunehmen, und willst du dafür auf Süßigkeiten verzichten, dann ist diese gewohnte Reiz-Reaktions-Kette wenig hilfreich.

Indem du die Handlungskette vorweg gedanklich unterbrichst und dir überlegst, was du machen wirst, wenn du im Fernsehen eine Schokoladenwerbung siehst, fällt es dir leichter, zieldienlich zu handeln, wenn dann tatsächlich eine Schokowerbung läuft. Durch dein vorausschauendes Planen gerätst du zudem weniger häufig in Situationen, die für dich und dein Ziel gefährlich werden können. Ersetze zum Beispiel alle verlockenden Süßigkeiten aus dem Wandschrank durch Reiscracker, Nüsse und andere gesunde Snacks, die dir auch schmecken. So schaffst du dir bewusst vorausschauend Alternativen zu den Süßigkeiten. Oder du legst dir alles, was du brauchst, um deine wöchentlichen Lerneinheiten für deinen Masterabschluss einzuhalten, so zurecht, dass du es auf einen Griff parat hast und mitnehmen kannst, wenn du zum Beispiel geschäftlich häufiger auf Dienstreisen gehen musst.

Mit kleinen wirksamen Wenn-dann-Plänen bist du für Hindernisse auf dem Weg zum Ziel gut gerüstet. Sei ruhig kreativ und überlege dir zu jedem einzelnen möglichen Hindernis, das mit hoher Wahrscheinlichkeit eintreten kann, wie du damit umgehst, wenn es tatsächlich eintritt.

Erinnere dich dafür auch an die wirksamen Holiday-Strategien, die du schon erkundet hast. Zum Beispiel, wie es dir leichter gelingt, deine Aufmerksamkeit auf dein Ziel zu konzentrieren, indem du dir deine Zielaktivitäten abwechslungsreich und attraktiv gestaltest. Oder wie du es leichter schaffst, deine Motivation für dein Ziel und dein Selbstvertrauen stark zu halten, indem du dir bewusst machst, was dir gut gelingt, und dich dafür selbst belohnst.

Überlege gleich einmal, welche Hindernisse auf dem Weg zu deinem Ziel wahrscheinlich auftauchen werden und wie du dann damit umgehen wirst. Nutze die folgenden Beispiele als Anregung für deine eigenen Wenn-dann-Pläne.

Mein Ziel	Meine Aktivität	Hindernis (wenn …)	Plan B (… dann)
Wohlfühlgewicht erreichen[1] Minus 8 Kilogramm in 8 Wochen und das Wohlfühlgewicht halten	8 Wochen auf Kuchen, Schokolade und Alkohol verzichten	Ich sehe eine Werbung über Schokolade im Fernsehen.	Ton aus und Augen zu. Wenn das nicht ausreicht, dann stehe ich auf und esse z. B. eine Reiswaffel.
		Meine Freundin will heute Abend mit mir um die Häuser ziehen.	Freundin informieren, dass ich nur Mineralwasser trinke, und sie bitten, mich zu unterstützen.
		Meine Oma lädt mich am Sonntag zu Kaffee und Kuchen ein.	Mit Oma reden und lieb erklären, dass ich abnehmen will und deshalb nur Kaffee trinke.
		Ich habe zwei kleine Kinder zu Hause, die Süßigkeiten wollen.	Mit den Kindern Bananen, Äpfel, Orangen etc. für einen Obstsalat schnippeln und gemeinsam essen.
		Heute habe ich einfach einen Heißhunger auf etwas Süßes.	Einen alternativen Snack zur Hand haben, z. B. Nüsse, und ihn statt etwas Süßes essen.
		…	…
	8 Wochen 2 × 1 Stunde pro Woche an der frischen Luft joggen gehen	Es regnet und stürmt draußen, das schreckt mich ab.	Ich lege mir meine Regenjacke bereit und denke an die warme Dusche danach.
		Ich bin nach einem stressigen Arbeitstag heute zu müde.	Ich erlaube mir, nur 30 Minuten joggen zu gehen. Besser kürzer joggen als gar nicht.
		Ein Freund will mit mir ins Kino gehen.	Ich informiere ihn, dass ich erst noch joggen gehe, und wir danach in eine spätere Vorstellung gehen.
		Heute habe ich einfach gar keine Lust auf Sport.	Ich gehe auf jeden Fall trotzdem raus und fange an, mich zu bewegen. *Nur ein paar Minuten …*
		…	…

Mein Ziel	Meine Aktivität	**Hindernis** (wenn …)	**Plan B** (… dann)
Masterabschluss schaffen² Masterprüfungen in 3 Monaten mit der Note »gut« bestehen	12 Wochen 3 × 2 Stunden pro Woche nach Feierabend lernen	Ich komme später als geplant aus dem Büro.	Auf jeden Fall trotzdem lernen, besser kürzer als gar nicht lernen.
		Ich muss geschäftlich über Nacht auf Dienstreisen gehen.	Alles, was ich zum Lernen brauche, habe ich griffbereit, um es auf Dienstreise mitzunehmen.
		Meine Familie zu Hause will etwas mit mir unternehmen.	Klare Absprachen treffen, wann ich für die Familie da bin und wann ich lerne.
		Heute habe ich einfach gar keine Lust mehr auf lernen.	Ich ändere die Art zu lernen, z. B. schaue ich ein YouTube-Lernvideo an, statt im Fachbuch zu lesen.
		…	…
	12 Wochen jeden Samstag 4 Stunden Prüfungsaufgaben rechnen	Ich muss heute die Wohnung putzen. Familienbesuch kommt.	Ich rechne zumindest 2 Stunden Prüfungsaufgaben und mache die andere Hälfte am Sonntag.
		Meine Kinder wollen heute mit mir einen Ausflug machen.	Erst die Prüfungsaufgaben, dann der Ausflug. Ich rede mit meinen Kindern.
		Mein Freund fragt mich, ob ich ihm heute im Garten helfen kann.	Ich rede mit meinem Freund und bitte ihn um Verständnis, dass ich Prüfungsaufgaben rechnen will.
		Heute geht einfach gar nichts mehr in meinen Kopf rein.	Ich fange auf jeden Fall damit an, Prüfungsaufgaben zu rechnen. *Nur ein paar Minuten …*
		…	…

1 Das Ziel *Wohlfühlgewicht* steht für alle Ziele ohne Erfüllungsdatum. Um es zu erreichen, musst du dein Verhalten (Lebensstil) dauerhaft ändern.

2 Das Ziel *Masterabschluss* steht für alle Ziele mit Erfüllungsdatum. Um es zu erreichen, musst du dich nur für eine gewisse Zeit anstrengen.

Als Beispielziele im Holiday-Prinzip beschreibe ich oft den Masterabschluss und das Wohlfühlgewicht, und das hat einen Grund. Diese beiden Ziele symbolisieren einen fundamentalen Unterschied bei allen deinen Zielen. Mehr dazu am Info-Point.

Ziele mit und ohne Erfüllungsdatum

Der Hauptunterschied bei deinen Zielen ist der, dass die einen ein Erfüllungsdatum haben und die anderen nicht. Zum Beispiel hat ein Masterabschluss ein Prüfungsdatum und einen Abgabetermin für die Masterarbeit. Damit hat dein Ziel, diesen Abschluss zu machen, ein Datum, an dem es erfüllt ist. Hältst du die Termine ein und erbringst du die Leistung, hast du zum Zeitpunkt X den Gipfel erreicht, das heißt deinen Mastertitel in der Tasche. Bis zu diesem Zeitpunkt musst du für den Master lernen. Danach geht das Leben weiter wie zuvor, mit Feierabend und Wochenende, Freizeit und Familie. Deinen Mastertitel kann dir niemand mehr nehmen, auch wenn du nicht mehr lernst. Weitere Beispiele für Ziele mit Erfüllungsdatum sind: ein Haus bauen, ein Buch schreiben, den Stadtmarathon mitlaufen etc.

Anders ist es bei den Zielen ohne Erfüllungsdatum, wie zum Beispiel beim Wohlfühlgewicht. Du planst zwar innerhalb eines gewissen Zeitraums eine gewisse Anzahl an Kilogramm abzunehmen und dafür auch etwas zu tun, aber wenn du zum Zeitpunkt X dein Wohlfühlgewicht erreicht hast, dann kann es nicht so weitergehen wie zuvor, weil du ansonsten das verlorene Gewicht gleich wieder auf den Rippen hast. Die Fortführung des gesunden Lebensstils mit mehr Bewegung und beispielsweise weniger Zucker geht weiter, damit du dein Wohlfühlgewicht halten kannst. Weitere Beispiele für Ziele ohne Erfüllungsdatum sind: mit dem Rauchen aufhören, weniger Stress bei der Arbeit, mehr Zeit mit der Familie etc.

Jetzt aber erst einmal durchatmen. Überlege einmal, zu welcher Kategorie du deine aktuell wichtigen beruflichen und privaten Ziele zählst. Zur Kategorie »Ziele mit Erfüllungsdatum« oder zur Kategorie »Ziele ohne Erfüllungsdatum«? Denke auch darüber nach, welche Hindernisse auf dem Weg zum Ziel wahrscheinlich auftauchen können. Gönne dir dazu wieder ein wenig Zeit. Am besten auf deiner Denkinsel.

Schließe die Augen. Stell dir vor, du bist an deinem Lieblingsurlaubsort. Fühle, wie deine Fußsohlen fest auf dem Boden stehen. Atme ruhig und tief ein und aus. Lass deine Gedanken über deine Ziele, die Wege zu den Zielen und die möglichen Hindernisse auf dem Weg dorthin fliegen.

Jetzt hast du schon neun wirksame Strategien erkundet, um mehr Urlaubsleichtigkeit in alle deine Ziele zu bringen. Welche davon sind deine Lieblingsstrategien? Denke daran: Du erreichst mehr durch weniger arbeiten. *Keep it simple.* Es ist viel leichter für dich und dazu auch noch wirksamer, wenn du wenige Strategien täglich konsequent anwendest, als wenn du viele Strategien halbherzig und nur ab und an nutzt.

FAZIT

Planung beibehalten

1. Packe den Koffer, bevor du verreist
Bereite alles vor, was du brauchst, um für dein Ziel aktiv zu werden, bevor du startest. Setze immer einen Anfang vor dem Anfang. *Nur ein paar Minuten.*

2. Mach dir die Zeit kostbar
Verknappe die Zeit, die dir für die Erledigung einer Aufgabe zur Verfügung steht. Knappe Zeit ist kostbare Zeit, deshalb nutzt du sie effizienter und deshalb schaffst du mehr in weniger Zeit.

3. Mach dir einen Plan B
Schreibe dir Wenn-dann-Pläne auf. Überlege im Voraus, welche Hindernisse wahrscheinlich auftreten können und was du machen wirst, wenn das Hindernis tatsächlich auftaucht.

Im dritten Teil des Holiday-Prinzips erfährst du mehr darüber, wie es dir auch im Alltagstrubel leichter gelingt, deine Planungsfähigkeit bewusst einzusetzen, um Ziele mit und ohne Erfüllungsdatum zu verwirklichen. Vielleicht so viel schon vorweg: Du lernst den Autopiloten näher kennen, der dich durch deinen Alltag steuert, fährst von der Autobahn ab und erkundest die Landschaft auf herrlichen Feldwegen.

Im nächsten Kapitel, *Quellwanderung,* lernst du aber erst einmal zwei wirksame Strategien kennen, mit deren Hilfe du dein Vertrauen in dich und in deine Fähigkeiten, dein Ziel erfolgreich zu verwirklichen, bewusst stärken kannst. Zwei einfache Fragen helfen dir dabei, an dich und an deine Fähigkeiten zu glauben und deine Ziele dadurch tatsächlich zu verwirklichen.

9. Quellwanderung

Geht es dir gut, fühlst du dich stark, und fühlst du dich stark, packst du deine Ziele mit mehr Selbstvertrauen an.

Ein wenig aufregend ist es ja schon jedes Mal, wenn du die Haustür hinter dir zuziehst und in den Urlaub aufbrichst. Was erwartet dich? Wird alles klappen? Ist die gebuchte Unterkunft auch wirklich schön und sauber? Und wie war das noch mit der Reisesicherheit im Urlaubsland?

Brichst du in den Urlaub auf, brichst du auch deine Alltagsroutine auf. Du begibst dich in eine andere Umgebung, und je nach Reiseziel ist nicht nur das Klima anders, sondern auch das Essen, vielleicht auch die Landessprache und in jedem Fall deine tägliche Routine – angefangen beim morgendlichen »aufs Klo gehen« –, und das ist für viele nicht banal. Du lässt dich auf Neues ein und darauf, deine Gewohnheiten für die Zeit des Urlaubs zu unterbrechen. Ob Familienurlaub auf dem Bauernhof in Bayern oder die Fernreise auf die Fidschi-Inseln, jeder Urlaub ist ein kleines Abenteuer. Ein Aufbruch ins Unbekannte mit ungewissem Ausgang. Genauso ist es bei deinen Reisen zu einem Ziel im Alltag. Du weißt am Anfang nie genau, was dich unterwegs erwartet und wie die Reise verlaufen wird.

Denkst du an Urlaub, bist du bereit dazu, deine vertraute Routine zu unterbrechen. Du glaubst an dich und traust dir zu, mit dem Unbekannten und den Herausforderungen umzugehen. Und du bist dir sicher, dass du dein Ziel, einen tollen Urlaub, verwirklichst.

Wie ist das bei deinen wichtigen (Lebens-)Zielen? Gehst du bei deinen Zielen im Alltag mit dem gleichen Selbstvertrauen an die Zielverfolgung? Vertraust du auf dich und auf deine Fähigkeiten, Hindernisse auf dem Weg zum Ziel zu meistern und dein Ziel zu verwirklichen? Wenn es dir so geht wie vielen Menschen, dann fällt dir das im Alltag nicht immer leicht. Mit dem Holiday-Prinzip kannst du das ändern. Zwei wirksame Strategien helfen dir dabei, aus einer starken Vertrauensquelle – dir selbst – zu schöpfen.

4 Vertraue auf dein Ziel wie auf deinen Urlaub

1. Pass auf dich auf.

Vor und in deinem Urlaub achtest du darauf, wie es dir geht. Du willst ja schließlich nicht die schönste Zeit im Jahr mit Grippe oder Durchfall im Bett verbringen. Frage dich auch im Alltag regelmäßig, wie es dir körperlich und seelisch geht. Denn dann kannst du dafür sorgen, dass es dir gut geht. Das stärkt dein Selbstvertrauen.

2. Lass es dir gut gehen.
Im Urlaub setzt du um, was du dir vornimmst, und erreichst auch herausfordernde Gipfel. Du vertraust dir und deinen Fähigkeiten, deine Ziele umzusetzen. Das gelingt dir, weil du es dir im Urlaub gut gehen lässt. Lass es dir auch im Alltag gut gehen. Denn wenn es dir gut geht, fühlst du dich stark, und fühlst du dich stark, packst du deine Ziele mit mehr Selbstvertrauen an.

Selbstvertrauen, das heißt, der Glaube an dich und an deine Fähigkeiten, etwas aus eigener Kraft schaffen zu können, hat viel damit zu tun, wie du mit deinen Gefühlen umgehst. Und die Art und Weise, wie gut du deine Gefühle regulieren kannst, hat viel mit deiner Erziehung zu tun. Mehr über diesen fundamental wichtigen Zusammenhang erfährst du am nächsten Info-Point.

Selbstvertrauen

Vertrauen und das Gefühl von Sicherheit lernst du sehr früh im Leben. Schon als Baby und kleines Kind lernst du deine Bedürfnisse zu äußern, und im besten Fall erfährst du, dass deine liebenden und sensiblen Eltern deine Bedürfnisse wahrnehmen und darauf eingehen. Da das nicht immer sofort geschieht und deine Eltern dich manchmal warten lassen (müssen), lernst du mit deinen Gefühlen umzugehen, sie zu regulieren. Ein Beispiel: Du bist als zwei-, dreijähriges Kind mit deiner Mutter in der Küche. Du spielst am Boden und fühlst dich allein. Du weinst und wünschst dir Zuneigung. Deine Mutter steht am Herd, bemerkt, dass du dich allein fühlst, und ruft dir mit lieber Stimme zu, dass sie gleich zu dir kommt (nachdem sie den Pudding gerührt hat). Du fühlst dich unsicher, enttäuscht, frustriert, vielleicht sogar wütend und willst am liebsten schreien, weil deine Mutter nicht sofort zu dir kommt, dir nicht sofort das gibt, was du jetzt willst und brauchst. Nach einigen Minuten setzt sich deine Mutter neben dich und hält dich fest. Du freust dich, bist zufrieden und glücklich. Deine Mutter hat zuverlässig Wort gehalten, was du als kleines Kind natürlich nicht so in Worte fassen kannst, aber dennoch genau spürst. In den ersten drei, vier Lebensjahren erlebst du viele dieser Situationen und lernst dadurch darauf zu vertrauen, dass du bekommst, was du willst und brauchst, auch wenn du darauf warten musst.

So lernst du mit deinen Gefühlen umzugehen, zum Beispiel mit deiner Unsicherheit, Enttäuschung, Frustration oder Wut, und sie zu regulieren. Du lernst deine Impulse zu beherrschen und (sinnbildlich gesprochen) nicht loszuschreien, wenn du einmal nicht sofort bekommst, was du willst und brauchst. Du lernst auf die Bedürfnisbefriedigung und damit auf die Belohnung zu warten. Und du lernst zu vertrauen, dass die Belohnung auch sicher kommt.

Je älter du wirst, desto mehr bist du selbst dazu fähig und dafür verantwortlich, dir das zu geben, was du brauchst, um glücklich zu sein. Du bist selbst dafür verantwortlich wahrzunehmen, wie es dir geht, auf dein körperliches und seelisches Wohlbefinden zu achten und liebevoll mit dir selbst umzugehen. So wie es im optimalen Fall früher deine Mutter, dein Vater und andere enge Bezugspersonen gemacht haben, als du ein Baby beziehungsweise ein kleines Kind warst. Das Pflänzchen des Urvertrauens wurzelt in deiner frühen Kindheit. Die gute Nachricht ist: Egal, wie stark die Wurzeln und wie groß das Pflänzchen bis heute gewachsen sind, kannst du dein ganzes Leben lang selbst Einfluss darauf nehmen, einen starken Urvertrauensbaum wachsen zu lassen. Alles fängt mit einer einfachen Frage an: »Wie geht es mir gerade?«

Pass auf dich auf

Frage dich auf deinem Weg zum Ziel regelmäßig, am besten täglich, wie es dir geht. Nutze dazu die einfache Frage: »Wie geht es mir gerade?« Dadurch hast du eine Chance, überhaupt erst einmal wahrzunehmen, wie du dich fühlst. Zu spüren, wie es dir jetzt, in diesem Moment gerade geht, ist die Voraussetzung dafür, dich selbst um dein Wohlbefinden kümmern zu können. So wie im Idealfall früher deine Eltern wahrgenommen haben, wie du dich fühlst, und darauf eingehen konnten, so kannst du heute selbst wahrnehmen, wie es dir geht, und darauf reagieren.

Denke wieder an deine Ziele und daran, was du heute dafür machen willst. Vielleicht versuchst du seit einigen Wochen dich mehr zu bewegen, um den Stadtmarathon in drei Monaten mitzulaufen, und du willst heute nach Feierabend eine Stunde joggen gehen, um dafür zu trainieren.

Oder dein Ziel ist es, bis zum Sommerurlaub in der Toskana dein Italienisch aufzufrischen, und du willst heute nach der Arbeit eine halbe Stunde Vokabeln lernen. Der Feierabend naht. Die Arbeit nimmt kein Ende, du kommst wahrscheinlich wieder einmal später aus dem Büro. Der Tag war stressig und du fühlst dich nicht wirklich danach, joggen zu gehen oder Vokabeln zu lernen. Ganz unbewusst stellst du dir die Frage, ob du wirklich joggen oder lernen sollst. Stopp!

Lass dich von deinem superstarken Stopp-Signal in entscheidenden Momenten daran erinnern, selbst zu denken und zu handeln, anstatt aus Gewohnheit etwas zu machen, was du gar nicht willst.

Mit der einfachen Frage »Wie geht es mir gerade?« kannst du dich in diesem Augenblick, genauso wie im Urlaub, daran erinnern, wahrzunehmen, wie du dich fühlst. Fühlst du dich müde und frustriert, dass der stressige Tag kein Ende nimmt und du jetzt auch noch lernen oder joggen sollst? Fühlst du dich enttäuscht oder ärgerlich, dass dir die Arbeit immer wieder zwischen deine privaten Ziele kommt und du das, was du für dich selbst machen willst, immer hintenanstellen musst?

Geht es dir körperlich oder seelisch schlecht, weil du vielleicht nach einem stressigen Arbeitstag erschöpft bist, weil du dich um deine kranken Kinder, Eltern oder Finanzen sorgst oder weil du dich darüber ärgerst, wieder später von der Arbeit nach Hause zu kommen, dann sinkt dein Vertrauen in dich und in deine Fähigkeiten, dein Ziel zu erreichen. Alles, was dich körperlich oder seelisch belastet, schwächt deine Willenskraft.

Wenn du in solchen Momenten bewusst wahrnimmst, wie es dir geht, kannst du aktiv mit deinen Gefühlen umgehen, statt unbewusst und passiv reagieren zu müssen. Frustration, Enttäuschung und Ärger fressen deine Energie auf. Die unbewusste Reaktion darauf ist oft, dem Impuls nachzugeben, jetzt eine Anstrengung zu vermeiden, die dich längerfristig zu deinem Ziel führt und durch die du dich längerfristig besser fühlen würdest, und dafür einer kurzfristig lustvolleren Aktivität nachzugehen, die jedoch längerfristig dir und deinem Ziel schadet. Das heißt, du endest nach einem stressigen Arbeitstag zum Beispiel eher auf der Couch oder im Internet als in den Joggingschuhen oder vor dem Italienischbuch – was dich dann zusätzlich ärgert und dich fragen lässt, ob du deine Ziele jemals erreichen wirst.

Der bewusste Umgang mit deinen Gefühlen beginnt damit, wahrzunehmen, wie du dich fühlst, zu akzeptieren, dass du dich zum Beispiel frustriert, erschöpft oder mutlos fühlst, und dann zu entscheiden, was du machst. Ganz bewusst. Zum Beispiel kannst du dich dafür entscheiden, statt einer Stunde zu joggen eine halbe Stunde spazieren zu gehen. Eine halbe Stunde Bewegung an der frischen Luft ist besser als gar keine Aktivität, besonders nach einem stressigen Arbeitstag. Oder du schaust eine halbe Stunde lang deine Lieblingsserie auf Italienisch, statt wie geplant Vokabeln aus dem Fachbuch zu büffeln. Denke an die Strategie der vergnüglichen Zielaktivitäten.

Nimmst du wahr, wie du dich fühlst, und akzeptierst du deine Gefühle, bleibst du handlungsfähig und erreichst deine Ziele leichter. Menschen, die beruflich vorankommen und privat ein erfülltes, zufriedenes Leben führen, verstehen es, immer wieder einen Schritt zurückzutreten, ein wenig auf Distanz zu sich selbst zu gehen und sich von außen zu beobachten. Sie nutzen ihre Fähigkeit zur Selbstbeobachtung und nehmen wahr, wie es ihnen geht. Sie akzeptieren, dass sie sich auch mal schlecht fühlen, und sorgen besonders in solchen Momenten aktiv für ihr Wohlbefinden. Das schaffen sie mit der einfachen Frage: »Wie geht es mir gerade?«

Sobald du weißt, wie es dir jetzt im Moment, in dem du etwas für dein Ziel machen willst, geht, kannst du auf deine Gefühle eingehen und für dein körperliches und seelisches Wohlbefinden sorgen – so, wie es im optimalen Fall früher deine Eltern gemacht haben. Dadurch steigt die Wahrscheinlichkeit, dass du deine Ziele verwirklichst. Die einfache Formel lautet: Geht es dir gut, fühlst du dich stark, und fühlst du dich stark, packst du deine Ziele mit mehr Selbstvertrauen an.

Deshalb ist einer der wirksamsten Wege, auf dem du dein Vertrauen in dich, in deine Fähigkeiten und in deine Ziele stärkst, darauf zu achten und dafür zu sorgen, dass es dir gut geht. Das ist die nächste Holiday-Strategie. Jetzt aber erst einmal durchatmen. Gönne dir wieder eine kleine Atempause auf deiner schönen Denkinsel. Lass es dir auch im Alltag gut gehen. Eine Minute zwischendurch genügt. Du kannst natürlich auch länger auf der Insel bleiben, wenn du willst.

Schließe die Augen. Stell dir vor, du bist an deinem Lieblingsurlaubsort. Fühle, wie deine Fußsohlen fest auf dem Boden stehen. Atme ruhig und tief ein und aus und beantworte die Frage: »Wie geht es mir gerade?«

Lass es dir gut gehen

Darauf zu achten, dass es dir gut geht, fängt damit an, sensibel und liebevoll mit dir selbst umzugehen, so wie es liebende Eltern von Natur aus mit ihren kleinen Kindern tun. Frage dich daher immer wieder, wie du mit dir selbst umgehst.

Denke regelmäßig, besonders aber, wenn du dich schwach fühlst, über die folgenden Fragen nach: Wie gut behandle ich mich, meinen Körper und meinen Geist? Wie gesund esse und trinke ich? Wie erholsam schlafe ich? Wie regelmäßig bewege ich mich? Wie oft treffe ich mich mit Menschen, die ich mag? Wie oft unternehme ich etwas, das mir wichtig ist? Wie denke ich über mich? Wie spreche ich mit mir? Wie gut achte ich darauf, körperlich und seelisch in Balance zu sein?

Überlege einmal, warum du im Urlaub davon überzeugt bist, die Dinge geregelt zu bekommen. Zum Beispiel den anstrengenden Tagesausflug auf den Berggipfel oder die Organisation einer Tagestour auf Italienisch. Die Antwort ist verblüffend einfach: Weil du es dir im Urlaub gut gehen lässt und es dir deshalb im Urlaub eben auch gut geht. Wie ist das im Alltag? Mach's dir leichter, deine Ziele zu erreichen, achte auch im Alltag bewusst auf dein körperliches und seelisches Wohlbefinden, und sorge dafür, dass es dir gut geht.

Wenn es bei dir so ist wie bei vielen Menschen, dann reicht deine Zeit im Alltag allerdings nie aus, um alles zu erledigen, was du dir vornimmst. Am Ende des Tages bleibt oft das Wichtigste für eine leichtere Zielerreichung auf der Strecke: du selbst. Doch du kannst das ändern. Schaffe dir eine Erinnerungshilfe, vielleicht den sprichwörtlichen Knoten im Taschentuch, der dich jeden Tag daran erinnert, dir selbst eine der wichtigsten Fragen für mehr Leichtigkeit im Leben zu stellen: Wie gehe ich mit mir selbst um? Schon die Suche nach einer Antwort auf diese Frage führt dazu, dass du gut oder zumindest besser mit dir selbst umgehst. Dadurch steigt dein Vertrauen in dich selbst, was wiederum dazu führt, dass du dein Ziel leichter und sicherer verwirklichen wirst.

Denke an dein Ziel und daran, was du heute dafür machen willst. Vielleicht willst du bis zum Sommer dein Wohlfühlgewicht erreichen und heute, wie an allen Tagen, dafür auf eine gesunde Ernährung achten. Beim Frühstück gelingt es dir: Joghurt mit Obst statt Brot mit Schokocreme. Mittags in der Kantine bleibst du stark: Salat mit Hähnchenstreifen statt Currywurst mit Pommes rot-weiß. Das Abendessen ist eine Herausforderung. Doch du hast dein Ziel klar vor Augen und schaffst es. Thunfisch mit Gemüse statt Lasagne aus der Mikrowelle. Und dann passiert es doch. 21.55 Uhr. Vorm Fernseher. Werbung. Schokolade. Scheibenkleister. Du stehst wie ferngesteuert auf, gehst zum Kühlschrank und holst dir einen Schokopudding. Nach fünf Minuten ist alles vorbei. Und du fühlst dich schlecht, ärgerst dich, bist enttäuscht und mutlos.

Wie gehst du jetzt mit dir um? Wie redest du mit dir? Machst du dir Vorwürfe, weil du schwach geworden bist? Oder nimmst du dich bildlich gesprochen in den Arm und bist gut zu dir, so wie es eine Mutter mit ihrem mutlosen Kind macht, wenn sie es tröstet und sagt: »Du hast es heute dreimal geschafft und morgen wirst du es wieder schaffen.« Eine der wichtigsten psychologischen Erkenntnisse der letzten Jahre lautet: *Selbstmitgefühl schlägt Selbstvorwurf*. Machst du dir selbst Vorwürfe, weil etwas nicht geklappt hat, schwächst du dich und erreichst dein Ziel weniger wahrscheinlich, als wenn du mitfühlend und freundlich mit dir umgehst.

Frust, miese Laune, Wut, Unsicherheit – wenn du aktuell an einem Ziel arbeitest oder dein Verhalten ändern willst, dann weißt du, dass negative Stimmungen oft einen schlechten Einfluss haben. Ob du einen neuen Job suchst, mehr Obst essen oder häufiger deine Freunde treffen möchtest – belastende Gefühle tragen häufig dazu bei, dass du schwächelst oder die eigenen Ziele plötzlich sogar sinnlos findest. Dagegen anzukämpfen und die schlechte Laune wegzudrücken, hilft genauso wenig, wie wenn du dir selbst Vorwürfe machst. Der Trick ist: Geh freundlich mit dir selbst um und bringe dich in eine zuversichtliche Stimmung. Zwei Übungen können dir dabei helfen. Suche dir die Übung aus, die dich mehr anspricht.

Stärke dich selbst.
Stell dir einige Minuten lang die Dinge vor, die du wirklich kannst und die in den vergangenen Wochen gut gelaufen sind.

Führe dir kleinere oder größere Erfolge vor Augen. Lass die inneren Bilder auf dich wirken und erlaube dir, die positiven, zuversichtlichen Gefühle zu spüren, die darin stecken. Lobe dich für alles, was dir gelungen ist. Auch wenn du dabei weiterhin in einer leicht getrübten Stimmung bist, kannst du bewusst registrieren: Selbstvertrauen und Niedergeschlagenheit können nebeneinander existieren, sind gleichzeitig möglich. Ein Teil deiner Zuversicht ist immer da.

Meditiere im Gehen.

Laufe langsam in deinem Zimmer auf und ab und setze dabei bewusst einen Schritt vor den anderen. Atme dabei bewusst ein und aus. Beeinflusse deinen Atem nicht, indem du ihn willentlich ruhiger machst, aber versuche, konzentriert zu gehen und dabei auch weiter aufs Atmen zu achten. Bleibe zwei oder drei Minuten dabei. Dann gehe wieder deinen Alltagsdingen nach. Wiederhole die Gehmeditation in dieser Woche an zwei, drei Tagen. Wenn es dir leichtfällt, gern auch an jedem Tag. Kurze Meditationen – nicht nur im Gehen – helfen dir dabei, unruhige Gedanken und negative Gefühle weniger stark auf dich wirken zu lassen. Die Gefühle sind dann immer noch da, haben aber weniger Einfluss.

Du kennst die Kraft kurzer Meditationen bereits. Auch wenn ich es bislang nicht so benannt habe, ist doch jede kleine Minutenpause auf deiner schönen Denkinsel eine kurze Meditation, die unruhige Gedanken und negative Gefühle beruhigen kann. Es ist Zeit für die Insel.

Schließe die Augen. Stell dir vor, du bist an deinem Lieblingsurlaubsort. Fühle, wie deine Fußsohlen fest auf dem Boden stehen. Atme ruhig und tief ein und aus. Konzentriere dich in diesem Moment ausschließlich aufs Ein- und Ausatmen.

Hier in Australien gibt es eine treffende Redensart: *Don't sweat the small stuff.* Lass dich nicht von den kleinen Dingen im Leben verrückt machen. Entscheidend ist nicht, dass du dich in jedem einzelnen Moment »richtig« verhältst. Das funktioniert sowieso nicht. Entscheidend ist nicht, dass immer alles perfekt klappt. Das tut es nämlich selten. Entscheidend ist, dass du dich immer wieder daran erinnerst, was du machen willst und kannst, um dein Ziel zu erreichen, und öfter das tust, was dich ans Ziel bringt, als das, was dich davon abhält.

Dabei hilft es dir, wenn du es dir im Alltag gut gehen lässt, so wie du es dir im Urlaub gut gehen lässt. Schlafe ausreichend. Bewege dich an der frischen Luft. Trinke genug. Iss frische Lebensmittel. Mach das, was dir Spaß macht. Treffe dich mit Menschen, die du magst. Und sei freundlich zu dir selbst, wenn mal etwas nicht so klappt, wie du es dir vorgenommen hast. Überlege einmal, wie du es dir auch im Alltag gut gehen lassen kannst. Notiere dir gleich einige Stichworte dazu in dein Notizbuch oder deine Smartphone-Notes.

Schreibe dir einige Dinge auf, wie du es dir auch im Alltag gut gehen lassen kannst.

Selbstvertrauen hat mit Selbsterkenntnis und Selbsterkenntnis mit Selbstbeobachtung zu tun. Mit den zwei wirksamen Holiday-Strategien in diesem Kapitel gelingt es dir leichter, dich selbst und deine Bedürfnisse zu erkennen, darauf einzugehen, dadurch dein Selbstvertrauen zu stärken und damit deine Ziele leichter zu verwirklichen.

Probiere die Strategien am besten gleich aus und suche dir die für dich einfachsten und hilfreichsten Tipps und Tricks heraus. Wende die Methoden so lange täglich konsequent an, bis du gar nicht mehr darüber nachdenken musst.

FAZIT

Vertrauen bewahren

1. Pass auf dich auf
Achte darauf, dass es dir körperlich und seelisch gut geht. Frage dich regelmäßig, wie es dir gerade geht.

2. Lass es dir gut gehen
Achte darauf, dass du dich selbst gut behandelst. Frage dich regelmäßig, wie du es dir auch im Alltag gut gehen lassen kannst.

Im dritten Teil des Holiday-Prinzips erfährst du, wie es dir gelingt, eine Zielumsetzungsroutine aufzubauen – damit Ziele-Erreichen für dich so leicht wird wie Urlaubmachen. Vorab vielleicht schon so viel: Was du in den ersten fünf Minuten nach dem Aufwachen machst, spielt eine zentrale Rolle dabei, wie leicht du auf dem Weg zu deinen Zielen vorankommst und damit das, was du dir vornimmst, auch verwirklichst.

Im nächsten Kapitel, *Felderfahrung,* erkundest du aber erst einmal die zwölfte Holiday-Strategie und erfährst, wie du im Verlauf deiner Reise zum Ziel und am Ziel selbst aus dem, was gut funktioniert hat, aber auch von dem, was weniger gut funktioniert hat, für die Zukunft lernst.

10. Felderfahrung

Wenn du weißt, was funktioniert, mach mehr davon.
Wenn etwas nicht funktioniert, mach etwas anderes.

Was war das heute für ein schöner Urlaubstag! Der Ausflug war herrlich. Und alles hat gut geklappt. Okay, die Flasche Wasser am Kiosk war echt teuer. 8,50 Euro! Fast schon Diebstahl. Ab morgen nehme ich mir einfach immer einen kleinen Rucksack und eine Flasche Wasser mit auf die Tagestouren.

Kennst du solche (Selbst-)Gespräche? Wenn du im Urlaub abends vor dem Schlafengehen noch überlegst oder mit deinem Reisepartner darüber sprichst, was du heute alles erlebt hast? Oder wenn du an deine Familie und Freunde zu Hause noch schnell eine WhatsApp schreibst, mit einigen Fotos, und kurz darüber berichtest, was heute alles los war? Oder nach dem Urlaub, wenn du deinen Arbeitskollegen erzählst, was toll war und was weniger toll war? Wenn du deinen Freunden Fotos zeigst und die Vorzüge und Nachteile des Urlaubsorts, des Hotels, der Airline etc. schilderst?

Im Urlaub machst du ganz automatisch und regelmäßig eine kleine Tagesbilanz. Was war gut? Was war weniger gut? Worauf achte ich morgen? Und nach deinem Urlaub schreibst du dir wahrscheinlich sogar sehr bewusst auf, was gut war, was weniger gut war und was du beim nächsten Urlaub besonders beachten wirst. Dein Urlaub ist es dir wert, eine Nachbetrachtung vorzunehmen. Du bist bereit dazu, aus deinen Erfahrungen und den Dingen, die du anders hättest machen können, zu lernen. Denn (zunächst einmal) der nächste Urlaubstag und (später) dein nächster Urlaub sollen auf jeden Fall noch schöner werden.

Wie ist das bei den Reisen zu deinen Zielen? Was du im Urlaub ganz selbstverständlich machst, funktioniert auch wunderbar, um beruflich voranzukommen und um deine privaten Ziele leichter zu verwirklichen. Die Strategie dafür ist einfach und wirksam.

5 Lerne von deinem Ziel wie von deinem Urlaub

Schau, was funktioniert.

Beim Urlaub prüfst du genau, was funktioniert und was nicht funktioniert, damit dein (nächster) Urlaub bestimmt der schönste Urlaub aller Zeiten wird. Beobachte auch im Alltag den Verlauf deiner Reise zum Ziel. Schau, was gut funktioniert hat, und mach mehr davon. Schau, was weniger gut funktioniert hat, und mach morgen etwas anderes.

Die erfolgreichsten Menschen nutzen diese einfache Strategie. Sie schauen am Ende des Tages, was sie für ihr Ziel getan haben, was davon gut funktioniert hat und was nicht – und dann machen sie morgen mehr von dem, was funktioniert. Du kannst das auch. Denke an deinen Urlaub, dafür setzt du diese Strategie ganz automatisch ein. Übertrage deine Holiday-Strategie auch auf den Alltag. Nutze deine einmalige Fähigkeit zur Selbstbeobachtung und zur Selbsterkenntnis. Lerne aus deinen Erfahrungen.

Schau, was funktioniert

Lerne auf deinen Reisen zu deinen Zielen dazu. Schaue regelmäßig, was funktioniert und was nicht funktioniert. Und dann mach mehr von dem, was funktioniert. Mach's wie im Urlaub. Reflektiere am Abend, was während des Tages los war. Nutze dazu deine Fähigkeit der Selbstbeobachtung. Mehr dazu am nächsten Info-Point.

Selbsterkenntnis

Selbsterkenntnis setzt Selbstbeobachtung und Nachdenken über sich selbst voraus. Diese einmalige Fähigkeit, über die nur wir Menschen verfügen, erlaubt dir, dich selbstkritisch zu hinterfragen, dein eigenes Denken und Handeln zu bewerten und dazuzulernen. Mit den vier einfachen Fragen »Wie soll es sein?«, »Wie ist es?«, »Was ist gut?« und »Was ist weniger gut?« erkennst du, was du anders machen kannst, um deine Ziele zu erreichen und ein erfülltes Leben zu leben.

Um über dich selbst nachzudenken, musst du deinen Autopiloten ausschalten. Lass dich von deinem superstarken Stopp-Signal – vielleicht dem bedeutungsvollen Signalton deines Smartphones – täglich zu einem passenden Moment daran erinnern, das Steuer selbst in die Hand zu nehmen und einen Moment innezuhalten. Vielleicht ist abends vor dem Einschlafen so ein passender Moment für dich. Lehne dich innerlich zurück und beobachte dich selbst. Nimm dein Notizbuch zur Hand und notiere dir einige Stichworte zu den folgenden fünf Fragen:

1. *Was ist mein Ziel?*
2. *Was habe ich heute dafür getan?*
3. *Was hat gut funktioniert?*
4. *Was hat weniger gut funktioniert?*
5. *Was mache ich morgen (anders) für mein Ziel?*

Mache es dir zur neuen Gewohnheit, jeden Tag einige Minuten gezielt über diese einfachen Fragen nachzudenken. Erinnere dich daran, wie du das im Urlaub machst, wenn du abends noch kurz eine WhatsApp nach Hause schreibst, etwas auf Facebook oder Instagram postest oder einige Notizen über die Erlebnisse vom Tag in dein Reisetagebuch schreibst. Schreibe dir auch im Alltag einige Stichworte zu deinen Antworten auf die fünf Fragen auf. Denke auf Papier. Das strukturiert deine Gedanken.

Schreibe dir einige Stichworte auf zu den Fragen: 1) Was ist mein Ziel? 2) Was habe ich heute dafür gemacht? 3) Was hat gut funktioniert? 4) Was hat weniger gut funktioniert? 5) Was mache ich morgen anders?

Nutze die beiden folgenden Beispiele als Anregung für diese wirksame Strategie. Bei deinen Notizen im Alltag kannst du dich natürlich kürzerfassen. Stichworte (wie im Folgenden die Worte in Fettdruck) genügen.

- *Mein Ziel ist der berufsbegleitende* ***Masterabschluss.*** *Um die Prüfungen in drei Monaten erfolgreich zu bestehen, plane ich* ***wöchentlich drei Lerneinheiten à zwei Stunden*** *ein. Heute kam ich später aus dem Büro nach Hause, weil ich mich den ganzen Tag über nur schwer konzentrieren konnte. Ich bin gestern einfach beim Spätfilm hängen geblieben und habe zu wenig geschlafen. Deshalb habe ich statt zwei Stunden* ***nur eine Stunde gelernt.*** *Gut war, dass ich* ***überhaupt gelernt*** *habe. Schlecht war, dass ich gestern* ***zu spät ins Bett*** *gegangen bin.* ***Heute gehe ich früher schlafen,*** *damit ich morgen meine Arbeit im Job zügiger erledigen kann und rechtzeitig nach Hause komme.*

- *Mein Ziel ist es, bis zum Sommer* ***Wohlfühlgewicht*** *zu erreichen. Dafür will ich* ***acht Kilogramm abnehmen.*** *Um das zu schaffen, plane ich, acht Wochen lang auf Kuchen, Süßigkeiten und Alkohol zu verzichten. Beim Frühstück und Mittagessen hat heute alles gut geklappt. Ich hatte mein Müsli am Morgen und meinen Salat für den Mittag vorbereitet. Nach der Arbeit habe ich mich noch mit meiner Freundin getroffen. Ich wollte nur Mineralwasser trinken, bin aber schwach geworden und* ***habe ein Glas Wein getrunken.*** *Gut war, dass ich* ***den ganzen Tag über gesund gegessen*** *habe und es bei einem Glas Wein blieb. Schlecht war, dass ich in eine Bar gegangen bin. In Zukunft werde ich mich mit meinen Freunden* ***an einem anderen Ort treffen,*** *wo es keinen Alkohol gibt. Dann komme ich erst gar nicht in Versuchung.*

Bei deiner selbstkritischen Selbstreflexion ist es wichtig, ehrlich und freundlich mit dir selbst umzugehen. Für die erfolgreiche Zielverwirklichung ist es nicht schlimm, zum Beispiel bei *einem* Glas Wein schwach zu werden oder bei *einem* Spätfilm hängen zu bleiben. Wir alle machen täglich mehr oder weniger, kleinere oder größere Fehler in der Selbstkontrolle (ein Begriff aus der Psychologie, mehr dazu im dritten Teil des Holiday-Prinzips). Wenn es passiert ist, ist es passiert. Nachträglich ändern kannst du das nicht. Es wäre aber wenig hilfreich, es vor dir selbst zu leugnen, kleinzureden oder dich dafür zu verurteilen.

Verurteilst du dich selbst dafür, vielleicht mit den Worten: »Ich hab's ja gewusst. Ich bin einfach zu schwach. Wie soll ich das jemals schaffen?«, leidet dein Vertrauen in dich, in deine Fähigkeiten und darauf, dein Ziel erreichen zu können. Schaust du dagegen einfach weg oder redest du den Ausrutscher klein, vielleicht mit den Worten: »Ach, das ist ja nur ein Glas Wein, das ist nicht so schlimm«, lernt dein Gehirn nicht dazu und du wirst morgen wieder ein Glas trinken oder vielleicht sogar zwei.

Beides bringt dich nicht an dein Ziel. Denke an den Urlaub und die Flasche Wasser für 8,50 Euro. Das ärgert dich vielleicht, und der Ärger ist der Antrieb für Veränderung, aber du verurteilst dich nicht dafür. Du schaust auch nicht einfach weg, nach dem Motto »Sind ja nur 8,50 Euro«, sondern du lernst daraus für morgen und nimmst von nun an einen Rucksack mit. Überlege einmal, wie du deine Fähigkeit, aus Erfahrung zu lernen, bislang eingesetzt hast, um auf dem Weg zu deinen Zielen leichter und wirksamer voranzukommen. Gönne dir dafür wieder eine kleine Atempause auf deiner Denkinsel. Eine Minute genügt.

Schließe die Augen. Stell dir vor, du bist an deinem Lieblingsurlaubsort. Fühle, wie deine Fußsohlen fest auf dem Boden stehen. Atme ruhig und tief ein und aus. Überlege einmal, wann du das letzte Mal aus Erfahrung dazugelernt und etwas verändert hast.

Schalte deinen Autopiloten regelmäßig aus. Denke immer wieder darüber nach, was du für dein Ziel machst, was gut funktioniert, was weniger gut funktioniert, und dann beschließe, was du morgen anders machen wirst, um dein Ziel leichter zu erreichen. Aus deinen Erfahrungen zu lernen ist unheimlich wichtig, wenn du deine Ziele leichter erreichen willst. Denn wenn es dir so geht wie den meisten Menschen, dann neigst auch du unter Stress dazu, automatisch zu kämpfen. Bist du gestresst, versuchst du, noch mehr und noch härter zu arbeiten. Dann machst du oft noch mehr des Gleichen, auch wenn es nicht zum Ziel führt, anstatt etwas anderes zu probieren, das wirksamer wäre. Oft führt noch mehr Disziplin und noch härtere Arbeit nicht zum Ziel, sondern zu mehr Frust. Es kommt nicht darauf an, möglichst viel und hart zu arbeiten, sondern darauf, das Richtige zu tun.

Kennst du die Geschichte vom beharrlichen Holzfäller (Jorge Bucay, *Komm, ich erzähl dir eine Geschichte*, S. 147 ff.)? Ich erzähle sie dir:

Der beharrliche Holzfäller

Es war einmal ein Holzfäller, der bei einer Holzgesellschaft um Arbeit vorsprach. Das Gehalt war in Ordnung, die Arbeitsbedingungen verlockend, also wollte der Holzfäller einen guten Eindruck hinterlassen.
Am ersten Tag meldete er sich beim Vorarbeiter, der ihm eine Axt gab und ihm einen bestimmten Bereich im Wald zuwies.
Begeistert machte sich der Holzfäller an die Arbeit.
An einem einzigen Tag fällte er achtzehn Bäume.
„Herzlichen Glückwunsch«, sagte der Vorarbeiter. »Weiter so.«
Angestachelt von den Worten des Vorarbeiters, beschloß der Holzfäller, am nächsten Tag das Ergebnis seiner Arbeit noch zu übertreffen. Also legte er sich in dieser Nacht früh ins Bett.
Am nächsten Morgen stand er vor allen anderen auf und ging in den Wald.
Trotz aller Anstrengung gelang es ihm aber nicht, mehr als fünfzehn Bäume zu fällen.
„Ich muß müde sein«, dachte er. Und beschloß, an diesem Tag gleich nach Sonnenuntergang schlafen zu gehen.
Im Morgengrauen erwachte er mit dem festen Entschluß, heute seine Marke von achtzehn Bäumen zu übertreffen. Er schaffte noch nicht einmal die Hälfte.
Am nächsten Tag waren es nur sieben Bäume, und am übernächsten fünf, seinen letzten Tag verbrachte er fast vollständig damit, einen zweiten Baum zu fällen.
In Sorge darüber, was wohl der Vorarbeiter dazu sagen würde, trat der Holzfäller vor ihn hin, erzählte, was passiert war, und schwor Stein und Bein, daß er geschuftet hatte bis zum Umfallen.
Der Vorarbeiter fragte ihn: »Wann hast du denn deine Axt das letzte Mal geschärft?«
»Die Axt schärfen? Dazu hatte ich keine Zeit, ich war zu sehr damit beschäftigt, Bäume zu fällen.«

Sich eine Atempause zu gönnen, etwas anderes zu tun, sich mit anderen Dingen zu beschäftigen ist wichtig, um deine Arbeitswerkzeuge zu schärfen. Etwas gewaltsam erzwingen, mit dem Kopf durch die Wand gehen zu wollen ist oft der verzweifelte Versuch, mit Willenskraft eine momentane Erfolglosigkeit zu überdecken. Damit erreichst du sehr wahrscheinlich die Grenze der Willenskraft, aber nicht das, was du wolltest.

Jetzt kennst du alle zwölf Holiday-Strategien. Wenn es dir so geht wie den meisten Menschen, dann reicht es jedoch nicht aus, die Tipps gelesen und verstanden zu haben. Die Umsetzung funktioniert nicht wie ein Lichtschalter: *an/aus*, sondern indem du von Zeit zu Zeit deinen Autopiloten stoppst, um nachzudenken und durch die Wiederholung und das Einüben neuer Denk- und Verhaltensweisen eine neue Routine zu entwickeln. Im Folgenden findest du einen der wichtigsten Tipps: Entscheide dich heute dafür, die hilfreichen Holiday-Strategien, Tipps und Tricks täglich konsequent anzuwenden.

Jede einzelne der Strategien für sich allein genommen wird dir das Leben leichter machen, und mit jeder einzelnen Strategie, die du regelmäßig nutzt, wirst du deine Ziele leichter verwirklichen.

Die Entdeckungsreise geht weiter. Im dritten Teil des Buches erkundest du, wie du das Holiday-Prinzip und die wirksamen Holiday-Strategien in deine Alltagspraxis integrierst. Entwickle deine eigene Zielverwirklichungsroutine und bringe damit mehr Urlaubsleichtigkeit in alle deine Ziele.

FAZIT

Lernen beibehalten

Schau, was funktioniert
60 Sekunden täglich reichen aus. Denke jeden Tag eine Minute lang selbstkritisch und wohlwollend über das nach, was du heute für dein Ziel gemacht hast, was davon gut funktioniert hat, was weniger gut funktioniert hat, und mache morgen mehr von dem, was funktioniert.

TEIL 3

Die Holiday-Praxis

11. Vor Sonnenaufgang

Zwischen Schlaf und Wachzustand liegt einer der wertvollsten Momente des ganzen Tages: der Moment des entspannten Wachseins bei geschlossenen Augen.

Wie fühlst du dich, wenn du an einem Urlaubsmorgen aufwachst? Wenn es dir so geht wie vielen Menschen, dann fühlst du dich gut. Selbst wenn du früh aufstehst, weil du einen Bus oder ein Schiff erreichen willst, räkelst und streckst du dich erst einmal im Bett, während du wach wirst. Du gähnst und atmest tief durch, vielleicht lächelst du dabei, denkst mit geschlossenen Augen an den Tag, der vor dir liegt, und freust dich auf die schönen Dinge, die du heute erleben wirst. Du überlegst vielleicht noch einmal, wie dein Urlaub bislang verlaufen ist und wie lange du noch hier sein wirst. Du bist dankbar für die schönen Urlaubserlebnisse. Dann stehst du voller Tatendrang auf und verwirklichst alles, was du dir für heute vorgenommen hast.

All das läuft im Urlaub, in den ersten Minuten des Wachwerdens, vollkommen automatisch ab. Es sorgt dafür – und das ist neuropsychologisch nachgewiesen –, dass du dich wohlfühlst, den Tag entspannt beginnst, deine Tagesziele mit mehr Energie und Effizienz anpackst und sie dadurch auch leichter erreichst.

Was genau in deinem Gehirn geschieht, wenn du aufwachst, erfährst du jetzt am Info-Point.

Gehirnwellen

Wenn du aufwachst, verändern sich deine Gehirnwellen. Einfach gesagt, feuern deine Neuronen im Gehirn weniger, wenn du schläfst, und mehr, wenn du wach bist. Zwischen Schlaf und Wachzustand liegt ein Moment der entspannten Wachheit bei geschlossenen Augen. Die dazugehörigen Gehirnwellen heißen Alpha-Wellen. In diesem wunderbaren Zustand fühlst du dich entspannt, leicht und wohl. Du bist besonders kreativ und entwickelst die besten Ideen, wie du das, was heute ansteht, gut meistern kannst.

Der Ritt auf der Alpha-Welle

Im Urlaub surfst du oft minutenlang genussvoll auf der Alpha-Welle, bevor du deine Augen öffnest. Wie ist das in deinem Alltag? Wie fühlst du dich, wenn du aufwachst? Die meisten Menschen küsst nicht die Muse der Morgenstunde, sondern es trifft sie eher der Schlag der Alltagspflicht. Augen auf und erster Griff zum Smartphone – erst mal checken, was es Neues gibt. Nach dem Social-Media-Rundumcheck noch kurz die neuesten Nachrichten und ein Blick auf die Wetter-App, wie das Wetter vor dem Fenster ist. Keine Zeit für einen kleinen entspannten Ritt auf der Alpha-Welle. Dann raus aus dem Bett – schon leicht gestresst – Kaffee, Dusche, anziehen, arbeiten.

Studien fanden heraus, dass rund 90 Prozent aller Menschen ihren Tag damit beginnen, das Smartphone zu checken. Unser »Der, die, das« an einem Alltagsmorgen bedeutet: »*Der* Wecker klingelt. *Die* Augen auf. *Das* Smartphone an.« Was neuropsychologisch erklärbar ist – unser Gehirn schüttet Dopamin aus, wenn wir uns informieren, und das fühlt sich gut an –, führt dazu, dass du den Morgen mit Stresssignalen startest, anstatt den angenehmsten und produktivsten Zustand des gesamten Tages, den Zustand des entspannten Wachseins bei geschlossenen Augen, zu genießen und zu nutzen. Wie ist das bei dir? Womit verbringst du die ersten Minuten deines Tages?

Die ersten Minuten am Tag gehören dir. Gönne dir etwas Gutes. Surfe auch im Alltag jeden Morgen einige Minuten lang auf der Alpha-Welle, bevor du die Augen öffnest und dem Tag begegnest. Das Gefühl, am Morgen zuerst etwas für dich zu tun, bevor du die Alltagsroutine startest, verleiht dir Kraft für deine Ziele. Ersetze deine Alltagsroutine am Morgen durch eine morgendliche Urlaubsroutine. Damit verwirklichst du deine Ziele leichter. Wie das genau funktioniert, erfährst du jetzt.

Die 5-Minuten-Morgenroutine

Überlege einmal, wie deine übliche Morgenroutine aussieht, und beantworte dir eine Frage: »Wie verbringe ich die ersten fünf Minuten vor dem Aufstehen?« Schreibe dir einige Stichworte dazu auf. Jetzt erinnere dich einmal an deinen letzten schönen Urlaub. Schließe die Augen und atme ruhig und tief ein und aus. Ersetze deine Alltagsmorgenroutine durch deine Urlaubsmorgenroutine und surfe ab morgen jeden Morgen ein wenig auf der Alpha-Welle. Gönne dir den Zustand der entspannten Wachheit bei geschlossenen Augen und freue dich, dass du dadurch deine Ziele im Tagesverlauf sogar leichter erreichst. Orientiere dich dabei an den folgenden fünf Punkten:

1. Atmen: Gähne und strecke dich im Bett und atme mit geschlossenen Augen tief und ruhig ein und aus.

2. Dankbar sein: Während du ein- und ausatmest, denke an drei Dinge in deinem Leben, die gut sind und für die du dankbar bist. Lass deine Augen dabei geschlossen.

3. Vorstellungskraft nutzen: Stelle dir dein starkes Bild oder dein Symbol vor, das dein Ziel repräsentiert. Halte die Augen dabei geschlossen.

4. An den Tagesplan denken: Überlege, was du heute alles machen wirst und worauf du dich freust. Auch dabei kannst du deine Augen geschlossen halten.

5. Erfolge vorwegnehmen: Fühle dich hinein, wie es dir heute Abend geht, wenn du dein heutiges Tagesziel erreicht hast – wieder mit geschlossenen Augen.

Was sich nach viel Programm am Morgen anhört, ist mit ein wenig Übung ganz leicht und schnell getan. Denn dein Gehirn funktioniert nicht so, dass es die Punkte nacheinander abarbeitet wie oben in der Aufzählung. Die Nervenzellen deines phänomenalen Gehirns feuern ihre Signale stattdessen vernetzt und gleichzeitig an ihre Nachbarzellen. Während du gähnst und dich streckst, stellst du dir dein Ziel vor, bist dankbar für die Dinge, die gut laufen, planst ein bisschen, was du heute zuerst machen wirst, und freust dich auf den Abend, wenn du dein Tagesziel erreicht haben und dich zum Beispiel mit einem tollen Abendessen zusammen mit deinem Partner oder der Familie belohnen wirst. Fünf Minuten reichen für deine neue Morgenroutine aus.

Wichtig dabei: Lass deine Gedanken spielerisch kommen und gehen, während du tief ein- und ausatmest. Das tiefe Ein- und Ausatmen in Verbindung mit der bildlichen Vorstellung deines Ziels ist bereits so wirksam, dass du mit einer größeren Zielumsetzungsenergie aufstehst und den Tag effizienter angehst. Öffnest du dann deine Augen, kannst du dir einige Notizen zu deinen Gedanken und Ideen aufschreiben, die dir während deines Ritts auf der Alpha-Welle eingefallen sind.

Schreibe dir einige Stichworte zu deinen Gedanken und Ideen auf, die dir während deines Ritts auf der Alpha-Welle eingefallen sind.

Nach deinem Ritt auf der Alpha-Welle kannst du, nachdem du aufgestanden bist, außerdem 20 Minuten lang auf die folgenden zwei Dinge achten:

1. Bewege dich nach dem Aufstehen ein wenig, vielleicht einige Minuten leichtes Stretching bei offenem Fenster, um deinen Kopf mit deinem Körper zu verbinden.
2. Lass alle Bildschirme in den ersten 20 Minuten des Tages aus. Gönne deinen Augen und deinem Gehirn einen entspannten Start in den Tag.

Denke daran: So wie du den Tag beginnst, so wird dein Tag verlaufen. Gönne dir jeden Morgen ein wenig Urlaubsfeeling, auch oder gerade, weil du das Gefühl hast, dass du dafür eigentlich viel zu beschäftigt bist und zu viel zu tun hast, als dass du nach dem Weckerklingeln noch fünf Minuten im Bett liegen bleiben könntest.

Benutzt du dein Smartphone als Wecker, kannst du gleich dein superstarkes Stopp-Signal als Weckmelodie programmieren. Dein starker, emotional bedeutsamer Song erinnert dich im entscheidenden Moment des Aufwachens daran, den

Autopiloten ausgeschaltet zu lassen und erst einmal auf der Alpha-Welle surfen zu gehen, anstatt dich automatisch und blitzschnell auf die Route Social-Media-Rundumcheck lenken zu lassen. Wichtig dafür: Autopilot aus heißt Flugmodus an.

Probiere morgen früh gleich aus, wie es sich für dich anfühlt, wenn du so wie im Urlaub auf der Alpha-Welle surfst. Mach das dann regelmäßig einige Wochen lang. Du wirst überrascht sein, wie entspannt du dich im Bett streckst und gähnst, wie wohl du dich fühlst und wie viel Zeit du durch die fünf Minuten am Morgen tagsüber gewinnst, weil du die Dinge mit mehr Gelassenheit und Energie, zielgerichteter und effizienter angehst.

Ist es dir aufgefallen? Über die ersten Kapitel hinweg habe ich dich zwischendurch immer wieder eingeladen, die Denkinsel zu besuchen. Dort kannst du bewusst und sooft du willst den Zustand der entspannten Wachheit bei geschlossenen Augen genießen. Schließt du deine Augen, beruhigen sich deine Gehirnwellen. Atmest du ruhig und tief ein und aus, beruhigt sich dein Gehirn.

Schließe die Augen. Stell dir vor, du bist an deinem Lieblingsurlaubsort. Fühle, wie deine Fußsohlen fest auf dem Boden stehen. Atme ruhig und tief ein und aus und lasse deine Gedanken surfen gehen.

FAZIT

Meine neue Morgenroutine

Surfe auf der Alpha-Welle:
Führe regelmäßig deine 5-Minuten-Morgenroutine durch, bevor du die Augen öffnest und aufstehst. Surfe die Alpha-Welle, den Zustand der entspannten Wachheit bei geschlossenen Augen. Atme ruhig und tief ein und aus. Denke an dein Ziel. Überlege, wofür du im Leben dankbar bist. Plane ein wenig, was du heute für dein Ziel tun wirst, und stell dir auch vor, wie du dich heute Abend fühlst, wenn du dein Tagesziel erreicht haben wirst, und womit du dich belohnst.

Im nächsten Kapitel, *In Urlaubsstimmung,* erkundest du den Einfluss deiner Umgebung auf dein Verhalten. Außerdem lernst du, wie es dir leichter gelingt, die Gewohnheiten zu verändern, die dir und deiner Zielverwirklichung im Wege stehen. Was der sprichwörtliche Tapetenwechsel damit zu tun hat, das erfährst du jetzt.

12. In Urlaubsstimmung

Verändere dein Umfeld, dann ändert sich dein Verhalten.

In Urlaubsstimmung geht alles leichter. Erinnere dich einmal an deinen letzten Jahresurlaub. Egal, ob mit der Familie in Bayern oder mit dem Partner in Barcelona, ob alleine auf Trekkingtour durch Bolivien oder mit einer Freundin im Badeurlaub auf den Balearen – die Leichtigkeit, mit der du im Urlaub deine Tagesziele umsetzt, hat nicht nur etwas damit zu tun, dass du frei hast. Das ganze Geheimnis hinter der Leichtigkeit im Urlaub lautet: Im Urlaub ändert sich dein gewohntes Umfeld!

Am Urlaubsort findest du nicht viele Dinge aus deinem Alltag vor und du packst auch nicht allzu viel aus deiner alltäglichen Umgebung in deinen Koffer. Dein Urlaub fühlt sich leicht an, nicht *obwohl*, sondern *weil* vieles aus deinem Alltag fehlt. Deshalb gelingt es dir, das, was du dir vornimmst, leichter umzusetzen: früh aufstehen, um das Ausflugsboot zu erwischen, bergauf laufen, um den Gipfel zu erreichen, mit deinem Partner entspannt den Sonnenuntergang genießen etc. Das Geheimnis hinter deiner Zielumsetzungskraft im Urlaub lautet: Ändert sich dein Umfeld, ändert sich dein Verhalten. Deshalb fällt es dir im Urlaub leichter, deine Gewohnheiten zu ändern.

Was sich paradox anhört, ist wissenschaftlich gut erforscht. Es besteht ein fundamentaler Zusammenhang zwischen Umfeld und Gewohnheiten. Im Urlaub spürst du das sehr deutlich.

Sobald du die Haustür hinter dir zuziehst und in den Flieger steigst, ändert sich dein gewohntes Umfeld und damit auch sofort dein gewohntes Verhalten. Mehr dazu erfährst du jetzt am nächsten Info-Point.

Gewohnheiten

Gewohnheiten sind energiesparende Abkürzungen deines Gehirns, die hilfreich und hinderlich zugleich sind. 90 Prozent dessen, was du fühlst, denkst und tust, läuft automatisch, ohne nachzudenken ab. Du steuerst deine Gewohnheiten nicht bewusst. Du reagierst auf ähnliche Bedingungen in deinem Umfeld automatisch in der immer gleichen Weise. So wird aus Wiederholung ein Verhalten, Denken oder Fühlen zu einer Gewohnheit. Zum Beispiel der Griff zum Smartphone, wenn es piepst. Du kannst Gewohnheiten zwar absichtlich unterdrücken, indem du deine Aufmerksamkeit bewusst darauf lenkst. Das ist aber sehr schwer, wie jeder, der ein Smartphone hat oder Schokolade mag, weiß. Der Grund: Deine Gewohnheiten werden nicht durch deine Absicht gesteuert („Ich will Schokolade essen«), sondern unbewusst durch dein Umfeld: Im Wandschrank sind fünf leckere Schokoriegel. Dein Alltagsumfeld ist voller Reize, die 1000-fach wiederholtes Verhalten, Denken und Fühlen bei dir auslösen. Die Absicht, diese Gewohnheiten willentlich zu unterdrücken (zum Beispiel »Ich will nicht auf mein Smartphone schauen«), ist angesichts der alltäglichen Reizflut überfordernd – und das hat nichts mit einer schwachen Willenskraft zu tun. Der wirksamste Weg, um deine Gewohnheiten zu ändern, ist: Ändere dein Umfeld, dann ändert sich dein Verhalten.

Tapetenwechsel

Um mehr deiner Ziele leichter zu erreichen, beruflich schneller voranzukommen und dein Privatleben zu bereichern, kannst du nicht jedes Mal in Urlaub fahren. Aber du kannst dir ein wenig Urlaub in den Alltag holen. Denke einmal an deinen letzten schönen Urlaub. Wo warst du? Was hast du gemacht? Mit wem? Wie hast du dich gefühlt? Und jetzt denke an dein aktuell wichtiges Ziel. Du versuchst vielleicht seit einigen Wochen, gesünder zu essen, dich mehr zu bewegen, morgens früher aufzustehen, zu meditieren, einen Lernplan oder ein Hobby zu verfolgen oder einen neuen Job zu finden. Erinnere dich an das Holiday-Prinzip und übertrage dein Urlaubsfeeling auf dein Ziel im Alltag.

1. **Freue dich** darauf, dein Ziel zu verwirklichen.
2. **Konzentriere dich** auf dein Ziel und beschäftige dich damit.
3. **Plane voraus**, was du für dein Ziel machst.
4. **Vertraue auf dich** und darauf, dass du dein Ziel erreichst.
5. **Lerne** von deinen Erfahrungen.

STOPP! Nutze dein superstarkes Stopp-Signal, um den Alltags-Autopiloten auszuschalten. Nimm das Steuer selbst in die Hand und gestalte dir dein Alltagsumfeld so, dass dein zieldienliches Verhalten, Denken und Fühlen eine Chance haben – so wie im Urlaub.

Denke an dein Ziel, vielleicht dein Wohlfühlgewicht oder den Masterabschluss. Lenke deine Aufmerksamkeit bewusst auf deine Alltagsroutinen und beantworte dir eine Frage:
Welche Kleinigkeiten, die für mein Ziel hinderlich sind, mache ich im Alltag immer auf die gleiche Art und Weise?

Du naschst zum Beispiel immer wieder ein Stück Schokolade, wenn du zum Kühlschrank gehst, oder checkst alle zwei Minuten dein Smartphone, während du lernen willst, oder setzt dich nach Feierabend eben mal kurz auf die Couch zum Entspannen, bevor du joggen gehen willst. Und jetzt schau dir einmal dein Umfeld an, in dem sich die für dein Ziel eher hinderlichen Gewohnheiten finden. Schaue dir deine Wohnung an und wo darin sich die Joggingschuhe befinden, deinen Arbeitsplatz und wo das Smartphone liegt, während du zu lernen versuchst, oder prüfe den Inhalt deines Kühlschranks.

So einfach laufen deine Gewohnheiten ab: Du isst das, was im Kühlschrank ist. Es braucht eine sehr große Willensanstrengung, deine Gewohnheit absichtlich zu unterdrücken und zum Beispiel den Schokopudding nicht zu essen, der neben dem Naturjoghurt steht. Du machst das, was am nächsten liegt. Musst du auf dem Weg zu deinen Joggingschuhen an der Couch und dem Fernseher vorbei, ist die Gefahr groß, zur Fernbedienung statt zu den Sportschuhen zu greifen. Du reagierst auf den stärksten Reiz in deiner Umgebung. Liegt das Smartphone auf Empfang neben dem Fachbuch, ist es unmöglich, nicht draufzuschauen, wenn es piepst.

Verändere dein Alltagsumfeld. Mach es dir so einfach und übersichtlich wie deinen Urlaub. Stell dir das Paar Sportschuhe in den Flur oder lege besser gleich die gepackte Sporttasche in den Kofferraum. Räume den Schokopudding und die Schokolade aus und die Äpfel und den Naturjoghurt in den Kühlschrank. Verstaue dein Smartphone auf Flugmodus in der Schublade. Wenn du dir deine Umgebung im Alltag übersichtlich und zieldienlich gestaltest, fällt es dir leichter, deine Gewohnheiten zu verändern.

Kleinigkeiten im Alltag zu verändern genügt, um dein Verhalten zu ändern. Dadurch festigst du nach und nach neue, hilfreiche Verhaltensweisen und ersetzt damit altes, hinderliches Verhalten. Das dauert zwar einige Monate, und du musst das neue Verhalten oft genug wiederholen, doch damit baust du dir eine neue Zielumsetzungsroutine auf. Bis zu dem Zeitpunkt, an dem sich die ersten selbstmotivierenden Erfolgserlebnisse einstellen, kannst du die Holiday-Strategien und die vielen Tipps und Tricks, die du bis hierher erkundet hast, nutzen, um am Ball zu bleiben.

1 **Freude:** Nutze deine Erinnerungshilfen an dein Ziel, deine Selbstbelohnungen für unterwegs und die Technik der vergnüglichen Zielaktivitäten, um dich immer wieder auf dein Ziel und auf das, was du dafür tun willst, zu freuen.

2 **Konzentration:** Wende das freundliche Nein, die Methode des vorläufigen Abschlusses unerledigter Aufgaben und die Gestaltung einer ablenkungsfreien Umgebung an, um dich leichter auf deine wichtigen Ziele und auf das, was du dafür tun willst, zu konzentrieren.

3 **Planung:** Nutze die Technik des Anfangs vor dem Anfang, das heißt: Pack den Koffer, bevor du verreist. Verknappe die Zeit, die dir zu Verfügung steht, um sie kostbar zu machen, so wie deine Urlaubszeit. Und mach dir immer einen Plan B, also kleine Wenn-dann-Pläne, um durch vorausschauendes Planen schneller und leichter voranzukommen.

4 Vertrauen: Stelle dir regelmäßig zwei wichtige Fragen: »Wie geht es mir gerade?« und »Wie gehe ich mit mir selbst um?«. Das ist die Voraussetzung, um es dir gut gehen zu lassen. Dein Wohlbefinden ist die Quelle für dein Vertrauen in dich selbst und in deine Fähigkeiten, dein Ziel verwirklichen zu können.

5 Lernen: Schaue regelmäßig, was funktioniert, was nicht funktioniert und was du morgen anders machen wirst, um leichter an dein Ziel zu kommen. Lerne von deinen Erfahrungen.

Wenn du denkst, planst und ausprobierst, ist es immer hilfreich, einige Stichworte in dein Notizbuch oder deine Smartphone-Notes zu schreiben. Auf Papier oder mithilfe digitaler Notizen zu denken ist wirksamer als ohne, weil du dich leichter an das erinnerst, was wichtig ist. Das ist so wie im Urlaub, wenn du deine Erlebnisse in dein Reisetagebuch schreibst, Fotos auf Facebook und Instagram postest oder eine WhatsApp an deine Familie zu Hause schreibst.

Denke immer auf Papier. Schreiben strukturiert dein Denken. Und das geschriebene Wort entwickelt mehr Zugkraft.

Wenn es dir so geht wie vielen Menschen, dann hast du zahlreiche Pläne und Wünsche und willst am liebsten alles gleichzeitig und möglichst sofort verwirklichen. Die Gefahr, sich dabei zu verzetteln, ist groß. Versuchst du deine Energie auf viele Anliegen gleichzeitig auszurichten – zum Beispiel darauf, einen neuen Job zu finden, mehr Sport zu machen, eine Fortbildung zu absolvieren, gesünder zu essen etc. –, machst du oft bei keinem der Ziele Fortschritte und bist frustriert. Das ist dann allerdings kein Zeichen für mangelnde Willenskraft, sondern für einen wenig bewussten Einsatz deiner Energie. Willensenergie ist eine begrenzte Ressource. Deshalb setzen sich alle erfolgreichen Menschen Prioritäten. Mehr zu dieser wichtigen psychologischen Erkenntnis am nächsten Info-Point.

Willenskraft

Willenskraft (auch Willensstärke, Willensenergie oder Volition genannt) ist die Kraft, eine Absicht in die Tat umzusetzen. Deine Handlungsbereitschaft (in der motivationspsychologischen Forschung nennt man dies Motivation), Ziele zu verfolgen, ist größer als deine Willenskraft, die dir dazu dient, Handlungsbarrieren zu überwinden. Du hast viel mehr Ziele, als du umsetzen kannst. Du kannst dir das so vorstellen: Wenn du auf der Couch sitzt, nachdenkst und etwas tun willst, dann ist das Handlungsbereitschaft. Wenn du auch tatsächlich von der Couch aufstehst und das Gewollte in die Tat umsetzt, zeigst du Willenskraft.

Verteilst du deine Willensenergie auf viele Ziele gleichzeitig, bleibt für das einzelne Ziel nicht genug Energie zur Verfügung – deine Energie verpufft! Du merkst, dass du bei keinem der Ziele vorankommst. Da die Willenskraft begrenzt ist, musst du dich entscheiden, für welche Ziele und Vorhaben du sie einsetzt, um durch dein Handeln auch tatsächlich Resultate zu erreichen. Es gibt einen wirksamen Weg, dafür zu sorgen, dass deine Ziele erreicht werden können: Setze dir Prioritäten. Entscheide dich, welches Ziel für dich aktuell an erster Stelle steht. Mach eins nach dem anderen.

Wähle am besten für eine bestimmte Zeitspanne nur ein Ziel aus und konzentriere dich voll darauf, so wie du dich im Urlaub voll darauf konzentrierst, am geplanten Urlaubziel zu sein. Und dann ändere dein Umfeld im Alltag für das ausgewählte Ziel so, dass es dir leichter fällt, dich zieldienlich zu verhalten.

Denke immer daran: Es ist leichter, dein Umfeld zu ändern und dadurch Einfluss auf dein Verhalten zu nehmen, als bei gleichbleibenden Umweltreizen dein Verhalten absichtlich, das heißt willentlich, ändern zu wollen. Änderst du dein Umfeld, ändert sich dein Verhalten. Nutze diese grundlegende Erkenntnis der Psychologie, um deine Ziele im Alltag mit der gleichen Leichtigkeit zu verwirklichen, mit der du deinen Urlaub realisierst.

Überlege gleich einmal, wie du deine Umgebung im Alltag für deine wichtigen Ziele und Vorhaben unterstützend gestaltest und welche zusätzlichen hilfreichen Holiday-Strategien du in deinen Alltag einbaust. Nutze die folgende Wegbeschreibung als Anleitung und die Beispiele in der Tabelle als Anregung dafür.

Wegbeschreibung:

Denke wieder an dein Ziel. Beantworte dir – dein eigenes Ziel und das, was du dafür tun willst, vor Augen – die folgenden vier Fragen:

1. *Welche hinderliche Gewohnheit steht mir bei der Umsetzung meines Ziels im Weg (zum Beispiel: Ich checke alle zwei Minuten mein Smartphone, während ich lernen will)?*

2. *Wie sieht meine Umgebung aus, wenn ich etwas für mein Ziel tun will (zum Beispiel: Mein Smartphone liegt empfangsbereit neben dem Lehrbuch)?*

3. *Wie sieht ein hilfreiches Verhalten aus, um mein Ziel umzusetzen (zum Beispiel: Ich konzentriere mich aufs Lernen und freue mich darauf, mein Smartphone danach zu checken)?*

4. *Wie kann ich meine Umgebung ändern, um es mir leichter zu machen, die hinderliche Gewohnheit durch das hilfreiche Verhalten zu ersetzen (zum Beispiel: mein Smartphone auf Flugmodus in die Schublade legen)?*

(Mein Ziel) Mein Vorhaben	Hinderliche Gewohnheiten	Hinderliches Umfeld	Hilfreiches Verhalten	Hilfreiches Umfeld	Zusätzliche Strategien
(Wohlfühlgewicht) Gesünder essen	Stück Schokolade naschen, wenn ich in die Küche gehe	Schokolade im Küchenschrank	Ein, zwei Mandeln essen, wenn ich in die Küche gehe	Mandeln, Nüsse, Reiswaffeln im Küchenschrank (Schokolade weg)	Mit Familie, die an mich glaubt, über mein Ziel reden; um Unterstützung bitten
(Wohlfühlgewicht) Mehr bewegen	Nach der Arbeit nach Hause und »kurz« auf meine Couch	Sportsachen sind im Schlafzimmerschrank, die Couch steht auf dem Weg dorthin	Nach der Arbeit ohne Umwege sofort zum Sport und danach verdient auf die Couch	Sporttasche steht gepackt im Flur oder, noch besser, ist schon im Auto	Wenn-dann-Plan parat haben, falls ich z. B. später als geplant aus dem Büro komme
(Masterabschluss) Lernplan verfolgen	Während des Lernens immer wieder mein Smartphone checken	Smartphone liegt empfangsbereit neben mir auf dem Schreibtisch	Ich lerne konzentriert für zwei Stunden und checke danach mein Smartphone	Smartphone ist auf Flugmodus gestellt und liegt in der Schublade	Immer wieder einmal tief ein- und ausatmen und an mein Ziel denken: Mastertitel
(Karriere) Neuen Job finden	Während der Stellenrecherche immer wieder auf andere Webseiten klicken	Im Internet-Browser sind mehrere Fenster gleichzeitig geöffnet	Ich recherchiere konzentriert für eine Stunde und surfe danach im Internet	Nur die relevanten Jobbörsen sind offen, sonst keine weiteren Fenster	Ich begrenze die Zeit für die Recherche, um effizienter zu suchen
…					

Verändere deine Alltagsumgebung, dann ändert sich dein Verhalten. Denke an deine Urlaubsumgebung. Nimm dir wenige kleine hilfreiche Veränderungen deines Umfelds im Alltag vor. Der sicherste Weg, damit dir das gelingt, ist: *Keep it simple.* Halte deine Änderungen immer einfach.

Willst du dich mehr bewegen, dann stelle dir zum Beispiel deine Sportschuhe vor die Haustür, damit du sie immer sofort siehst und griffbereit hast. Willst du gesünder essen, räume die Süßigkeiten aus dem Kühlschrank. Ersetze sie durch Mandeln, Reiswaffeln, Nüsse, Äpfel oder andere gesunde Dinge, die dir schmecken. So führt der Griff zum süßen Snack zwischendurch automatisch zur gesünderen Ernährung. Willst du dich aufs Lernen konzentrieren, schalte den Rechner und das Smartphone aus und gestalte dir eine ablenkungsfreie Umgebung.

Genug gelesen. Hast du Lust auf die Alpha-Welle? Dann reise in deiner Vorstellung wieder an deinen Lieblingsurlaubsort. Gönne dir eine Atempause. Eine Minute genügt.

Schließe die Augen. Stell dir vor, du bist an deinem Lieblingsurlaubsort. Fühle, wie deine Fußsohlen fest auf dem Boden stehen. Atme ruhig und tief ein und aus. Stelle dir deine Alltagsumgebung genauso einfach und übersichtlich wie deine Urlaubsumgebung vor.

FAZIT

In Urlaubsstimmung

Tapetenwechsel:
Es ist leichter, dein Umfeld zu ändern und dadurch Einfluss auf deine Gewohnheiten zu nehmen, als bei gleichbleibenden Reizen in deinem gewohnten Umfeld dein Verhalten absichtlich (willentlich) verändern zu wollen. Denke an dein Ziel. Überlege, welche Gewohnheit dir im Weg steht, um dein Ziel umzusetzen. Schaue, wie dein Umfeld aussieht, wenn du etwas für dein Ziel machen willst. Überlege, wie ein hilfreiches Verhalten aussieht, um dein Ziel zu verwirklichen. Ändere dein Umfeld, sodass es dir leichter fällt, deine hinderliche Gewohnheit durch das hilfreiche Verhalten zu ersetzen. Und denke daran: *Keep it simple.*

Die Woche hat sieben Tage. Sieben Möglichkeiten, um deine neue Morgenroutine, den Ritt auf der Alpha-Welle, zu pflegen und den Tag in Urlaubsstimmung zu beginnen. Im nächsten Kapitel, *Während des Tages,* erfährst du, wie es dir leichter gelingt, das Alltagshamsterrad anzuhalten. Du lernst deinen Autopiloten näher kennen und erkundest Wege, wie du dein Urlaubsfeeling über den Alltag rettest. Die Suche nach den entscheidenden Momenten in deinem Tagesverlauf spielt dabei eine zentrale Rolle.

13. Während des Tages

Ein einziger Moment kann dein Leben verändern.

Das Gute am Urlaub ist, dass im Urlaub nichts anderes zählt als der Urlaub. Hast du einmal die Haustür hinter dir zugezogen, entfernst du dich mit jedem Schritt und mit jeder Minute weiter von deiner Alltagsroutine. Du gehst neue Wege, und dabei ist dein Autopilot ausgeschaltet, weil du jeden Schritt raus aus dem Alltag bewusst machen musst – weil jeder Schritt anders ist, als deine Alltagsschritte es sind. Bei allem, was neu für dich ist, bist du bewusst bei der Sache. Jeden neuen Weg, den du gehst, gehst du bewusst, um nicht zu stolpern. Wege, auf denen du schon hundertmal gegangen bist, gehst du hingegen blind. Zum Beispiel den Weg zur Toilette in der Nacht. Und wehe, wenn deine Kinder ein Spielzeug auf dem Boden haben liegen lassen.

Deine Wege im Alltag gehst du fast alle blind. 90 Prozent dessen, was du bei der Arbeit, in der Familie oder in der Freizeit machst, läuft automatisch ab, ohne dass du darüber nachdenkst – das heißt, du machst beinahe alles aus Gewohnheit. Und das ist gut so, denn deine Gewohnheiten sind energiesparende Abkürzungen des Gehirns, die dir dabei helfen, den Alltag leichter zu meistern. Willst du jedoch deine nicht alltäglichen Ziele verwirklichen, zum Beispiel sportlicher werden, einen Masterabschluss schaffen oder dein Wohlfühlgewicht zurückgewinnen, dann sind deine Gewohnheiten hinderlich. Wie das Spielzeug am Boden, über das du nachts auf dem Weg zur Toilette stolperst.

Der wichtigste Tipp, um das Holiday-Prinzip in deine Alltagspraxis umzusetzen, lautet: Stoppe von Zeit zu Zeit deinen Autopiloten.

Im Alltag neue Wege zu gehen, das heißt, etwas anders zu machen als bislang, strengt wahnsinnig an. Deshalb machst du das so selten. Dein Autopilot hält dich auf deinen gewohnten Wegen und damit leider auch oft von deinen nicht alltäglichen Zielen fern. Du kannst nur dann einen neuen Weg einschlagen, um deine Ziele zu verwirklichen, wenn du deinen Autopiloten von Zeit zu Zeit ausschaltest. Dazu brauchst du Antworten auf zwei Fragen. Erstens: Wann sind im Tagesverlauf die entscheidenden Momente, in denen es für dich nützlich ist, den Autopiloten zu stoppen? Zweitens: Welches sind die wirksamsten superstarken Stopp-Signale, die dich wirklich aus deiner Alltagsroutine reißen können? Wie du das herausfindest, erfährst du jetzt.

Check-in: Selbst am Steuer

Der amerikanische Schriftsteller und Philosoph Henry David Thoreau sagte: *Ein neues Leben kannst du nicht anfangen, aber täglich einen neuen Tag.* Ein Tag ist übersichtlich. Er hat 24 Stunden. Du beginnst jeden Tag mit dem Aufwachen und beendest ihn damit, einzuschlafen. Vom Aufwachen bis zum Einschlafen gibt es viele entscheidende Momente, in denen du dein Leben ändern kannst – an jedem einzelnen Tag. Gehe einmal auf Entdeckungstour durch deinen Alltag und finde möglichst viele deiner entscheidenden Momente im Tagesverlauf.

Die entscheidenden Momente am Tag: Überlege einmal, wie viele Autopilotmomente es in deinem Tagesverlauf gibt. Autopilotmomente sind die Momente, in denen du, ohne nachzudenken, routiniert, aus Gewohnheit handelst. Zum Beispiel morgens im Bett, wenn du aufwachst, wie ferngesteuert zum Smartphone greifst und deine Nachrichten checkst. Oder danach im Bad, wenn du, ohne einen Gedanken daran zu verlieren, deine Zahnbürste schnappst und dir die Zähne putzt. Den ganzen Tag über reiht sich ein Autopilotmoment an den anderen. Du steigst ins Auto und schnallst dich automatisch an. Du schaltest den Rechner ein und, ohne darüber nachzudenken, klickst dich erst einmal durchs Internet. Du gehst in die Kantine und greifst gedankenfrei zur Currywurst mit Pommes rot-weiß. Du kommst nach Hause und setzt dich automatisch auf die Couch oder gehst, ohne nachzudenken, an den Kühlschrank. Schreibe dir einmal so viele Autopilotmomente wie möglich auf, die sich in deinem Alltag verstecken.

Nicht alle Autopilotmomente sind auch entscheidende Momente, in denen es nützlich wäre, den Autopiloten zu stoppen, um deine nicht alltäglichen Ziele leichter zu verfolgen. Zum Beispiel ist es sinnvoll, weil energiesparend, nicht jedes Mal darüber nachzudenken, wie du dir die Zähne putzen musst. Du kannst das einmal ausprobieren. Putze dir die Zähne heute Abend mit der anderen Hand als üblich. Du wirst sofort merken, wie viel Aufmerksamkeit und Anstrengung dich das kostet. Das zu tun ist genauso unnötig wie zum Beispiel mit der Hand zu schreiben, die du sonst nicht dafür benutzt.

Entscheidend sind nur die Momente, in denen du aus Gewohnheit alte Wege gehst, die du nicht gehen willst. Beispielsweise den Weg in die Küche, zum Kühlschrank und zur Schokolade, obwohl du weniger Zucker essen willst. Oder den Weg ins Internet zum Onlineshoppen, obwohl du weniger Geld ausgeben willst. Aber auch den Weg auf die Couch zum Fernsehen, obwohl du dich mehr bewegen willst. Oder den Weg in die

Kneipe, obwohl du für deine Masterprüfung lernen willst. In diesen Momenten ist es nützlich, deinen Autopiloten zu stoppen, um das Steuer selbst in die Hand zu nehmen und bewusst deinen neuen Weg gehen zu können – damit du deine Ziele erreichst.

Denke einmal an deine Ziele. Vielleicht versuchst du seit einigen Wochen, gesünder zu essen, um deinen Blutdruck zu senken, oder du willst einen Fitnessplan einhalten, um abzunehmen. Überlege einmal, welche deiner Autopilotmomente im Tagesverlauf für dich entscheidende Momente sind, in denen du die Abfahrt auf einen neuen Weg zu deinem Ziel nehmen und dein Leben ändern kannst. Gönne dir dazu eine Atempause auf deiner schönen Denkinsel.

Schließe die Augen. Stell dir vor, du bist an deinem Lieblingsurlaubsort. Fühle, wie deine Fußsohlen fest auf dem Boden stehen. Atme ruhig und tief ein und aus. Denke ein wenig über die entscheidenden Momente am Tag nach, in denen du deinen Autopiloten ausschalten und dein Leben ändern kannst.

Du wirst feststellen, dass es eigentlich immer die gleichen entscheidenden Momente sind. Einen davon kennst du bereits aus dem vorletzten Kapitel, *Vor Sonnenaufgang*, den Moment frühmorgens, wenn der Wecker klingelt und du aufwachst. Welche weiteren Momente hast du gefunden? Vielleicht den Moment in der Mittagspause in der Kantine, wenn du unwillkürlich zum Schweineschnitzel statt zum Salat greifst? Oder den Moment am Feierabend, wenn du automatisch zur Fernbedienung statt zum Fachbuch greifst? Schreibe dir deine wichtigsten wiederkehrenden entscheidenden Momente des Tages auf.

Schreibe dir alle entscheidenden Momente am Tag auf, in denen es sich lohnt, selbst zu denken und zu handeln, anstatt auf Autopilot etwas zu machen, was du gar nicht willst.

Sobald du dir einen Überblick über die entscheidenden Momente verschafft hast, in denen es nützlich ist, deinen Autopiloten auszuschalten, brauchst du etwas, das dich, wenn es darauf ankommt, darauf aufmerksam macht, den Autopiloten auch wirklich auszuschalten, um bewusst den neuen Weg zu gehen. Dazu brauchst du deine superstarken Stopp-Signale.

Die superstarken Stopp-Signale:

Ein superstarkes Stopp-Signal ist ein Reiz, der die Kraft hat, deinen Autopiloten zu stoppen und dich aus deiner Alltagsroutine zu reißen, damit du das Steuer selbst in die Hand nehmen kannst. Überlege einmal, welche superstarken Stopp-Signale für dich wirksam sind. Beachte dabei zwei Dinge:

1. *Dein superstarkes Stopp-Signal muss in den entscheidenden Momenten im Alltag automatisch ausgelöst werden, das heißt, ohne dass du zuvor daran denken musst. Das ist wichtig, weil du auf Autopilot nicht selbst am Steuer sitzt und gar nicht bewusst dafür sorgen kannst, deinen Autopiloten zu stoppen.*

2. *Dein Stopp-Signal muss stark und bedeutungsvoll für dich sein, damit es deine Aufmerksamkeit sicher auf sich zieht. Das ist wichtig, weil du auf Autopilot nur eine eingeschränkte Wahrnehmung hast und die Intensität eines Reizes höher liegen muss, um eine Reaktion auszulösen.*

Am besten nutzt du dein Smartphone und andere technische Geräte dafür, dir deine superstarken Stopp-Signale zu schaffen. Die Technik kann dein bester Freund sein, wenn es darum geht, deine Ziele leichter zu erreichen – oder dein größer Feind. In diesem Falle ist sie dein Freund. Denn es ist zum Beispiel einfach, einen Signalton deines Smartphones so zu programmieren, dass er dich im entscheidenden Moment, vielleicht in der Mittagspause, darauf aufmerksam macht, deine Alltagsroutine zu unterbrechen und bewusst fünfzehn Minuten spazieren zu gehen, statt aus Gewohnheit E-Mails zu lesen.

Verwendest du dein Smartphone als Wecker, kannst du deinen Lieblingssong aus der Jugend oder aus dem letzten Urlaub als Weckton einstellen, damit du beim Aufwachen selbst gesteuert die Alpha-Welle reitest, statt auf Autopilot in den Social-Media-Kanälen unterzugehen. Den Flatscreen, das Tablet oder den Rechner kannst du so einstellen, dass ein wunderschönes Bildschirmfoto deines letzten Urlaubs erscheint, damit du beim Einschalten bewusst dagegensteuerst und sofort wieder ausschaltest, um das zu machen, was dich leichter ans Ziel bringt, statt dich im Internet zu verlieren oder stundenlang Filme zu gucken.

Denke bei deinem superstarken Stopp-Signal an alle deine fünf Sinne: sehen, hören, riechen, tasten und schmecken. Deiner Kreativität sind keine Grenzen gesetzt. Jeder starke und emotional bedeutsame Reiz, der automatisch ausgelöst wird, wenn's wichtig ist, ist geeignet. Reise gleich wieder auf deine Denkinsel und überlege einmal, welche superstarken Stopp-Signale für dich funktionieren.

Schließe die Augen. Stell dir vor, du bist an deinem Lieblingsurlaubsort. Fühle, wie deine Fußsohlen fest auf dem Boden stehen. Atme ruhig und tief ein und aus. Denke ein wenig über die superstarken Stopp-Signale nach, mit denen du in den entscheidenden Momenten deinen Autopiloten ausschalten und dein Leben ändern kannst.

Am besten schreibst du dir deine Ideen zu den superstarken Stopp-Signalen, die für dich funktionieren, gleich in dein Notizbuch oder deine Smartphone-Notes. Dann kannst du die reizvollen Signale von Zeit zu Zeit variieren, damit sie ihre Kraft behalten.

Schreibe deine Ideen zu allen möglichen und unmöglichen superstarken Stopp-Signalen, die die Kraft haben, deinen Autopiloten zu stoppen, auf.

Egal, ob Montag, Donnerstag oder Sonntag, entscheide dich gleich heute dafür, deinen Autopiloten im Alltag von Zeit zu Zeit auszuschalten. Das Einzige, was du dafür brauchst, sind deine superstarken Stopp-Signale, die dich in den entscheidenden Momenten darauf aufmerksam machen, vom Gas zu gehen, die Gewohnheitsautobahn zu verlassen und die Landschaft um dich herum bewusst wahrzunehmen.

Lass dich von deinem superstarken Stopp-Signal in entscheidenden Momenten daran erinnern, selbst zu denken und zu handeln, anstatt aus Gewohnheit etwas zu machen, was du gar nicht willst.

Denke daran: Ziele erreichen ist so leicht wie Urlaub machen. Das Holiday-Prinzip ist auf alle deine Lebensziele übertragbar. Mache bei jedem deiner Ziele einfach genau das Gleiche wie bei jedem deiner Urlaube.

1. **Wähle das Ziel mit Lust aus und freue dich darauf.**
2. **Konzentriere dich auf dein Ziel und beschäftige dich damit.**
3. **Plane vorausschauend für dein Ziel.**
4. **Vertraue dir und darauf, dass du dein Ziel erreichst.**
5. **Lerne aus der Erfahrung früherer Zielumsetzungen.**

Sobald du selbst am Steuer sitzt, helfen dir die zwölf Holiday-Strategien dabei, dich immer wieder auf dein Ziel zu freuen, dich leichter darauf zu konzentrieren, effizienter vorausschauend dafür zu planen, auf dich und auf deine Fähigkeiten zu vertrauen, das Ziel tatsächlich zu erreichen und selbstkritisch aus deinen Erfahrungen von heute für morgen zu lernen. Denke an dein Ziel. Vielleicht versuchst du seit einigen Wochen, deinen Lernplan einzuhalten, um eine Fremdsprache oder ein Musikinstrument zu lernen, oder du willst dich mehr bewegen und gesünder essen, um dein Wohlfühlgewicht zu erreichen. Überlege einmal, welche der zwölf Holiday-Strategien für dich gut funktionieren:

1. Schau dir schöne Fotos an.
Verankere dein Ziel genauso fest in deiner Vorstellung wie dein Urlaubsziel. Finde ein starkes Bild und ein positives Gefühl für dein Ziel.

2. Gönne dir ab und an eine Belohnung.
Belohne dich unterwegs zu deinen Zielen, so wie du dich im Urlaub belohnst. Gönne dir immer wieder etwas Schönes, auf das du dich freust.

3. Mach das, was dir Spaß macht.
Finde Wege, wie du das, was du für dein Ziel tust, mehr genießen kannst. Gestalte dir alle deine Zielaktivitäten vergnüglich, abwechslungsreich, interessant und attraktiv.

4. Reise mit leichtem Gepäck.
Gestalte deine Umgebung, in der du auf dein Ziel hinarbeitest, genauso übersichtlich und ablenkungsfrei wie deinen Urlaub, damit du dich leichter auf das konzentrieren kannst, was du für dein Ziel tust.

5. Sag freundlich Nein.
Trau dich, Nein zu sagen. Du hast wie jeder Mensch ein Recht darauf, zu etwas oder zu anderen Nein zu sagen, um dich auf das zu konzentrieren, was du für dein Ziel tust. Übe das Neinsagen, indem du dir zum Beispiel vornimmst, dreimal täglich Nein zu sagen.

6. Mach Schluss, bevor Schluss ist.
Schreibe dir alles auf, was unerledigt ist, beruflich wie privat, also: was genau zu tun ist und wann du es erledigen wirst. Damit sind die unvollendeten Aufgaben fürs Erste »verarztet« und du kannst dich leichter auf dein aktuelles Ziel konzentrieren.

7. Packe den Koffer, bevor du verreist.
Plane im Alltag für deine Ziele, so wie du für deinen Urlaub planst. Plane heute, was du morgen machen wirst. Einmal angefangen, zieht dich der Anfang in die Aufgabe hinein und du bist motiviert weiterzumachen.

8. Mach dir die Zeit kostbar.
Begrenze die Zeit, die dir für deine Zielaktivitäten im Alltag zur Verfügung steht, damit sie so wertvoll für dich wird wie deine Urlaubszeit und du sie ebenso effizient nutzt. Als Faustformel kannst du ein *Viertel nehmen: Plane dir immer 25 Prozent weniger Zeit für eine Aufgabe ein, als dir zur Verfügung steht.*

9. Mach dir einen Plan B.
Plane für deine Reise zum Ziel, was du machen wirst, wenn etwas nicht so klappt, wie du es dir vorstellst. Entwirf dir kleine Wenn-dann-Pläne, so wie du das auch für deinen Urlaub machst, damit du auf jeden Fall am Ziel ankommst.

10. Pass auf dich auf.
Achte im Alltag auf dich, so wie im Urlaub. Frage dich regelmäßig, wie es dir körperlich und seelisch geht. Denn dann

kannst du dafür sorgen, dass es dir gut geht. Damit stärkst du dein Selbstvertrauen.

11. Lass es dir gut gehen:
Lass es dir im Alltag gut gehen, so wie du es dir im Urlaub gut gehen lässt. Denn geht es dir gut, fühlst du dich stark, und fühlst du dich stark, packst du deine Ziele mit mehr Selbstvertrauen an.

12. Schau, was funktioniert.
Beobachte im Alltag den Verlauf deiner Reise zum Ziel, so wie du im Urlaub auf das achtest, was du heute gemacht hast, um es morgen vielleicht besser zu machen. Schau, was gut funktioniert hat, und mach mehr davon. Schau, was weniger gut funktioniert hat, und mach morgen etwas anderes.

Bekommst du langsam ein Gefühl dafür, welche der zwölf Holiday-Strategien für dich gut funktionieren und wie du daraus eine neue Zielumsetzungsroutine im Alltag entwickelst? Suche dir deine Lieblingsstrategien aus, schreibe sie dir auf und entscheide dich heute dafür, sie regelmäßig, konsequent und aus vollem Herzen anzuwenden.

Schreibe deine Lieblingsstrategien auf und entwickle damit deine eigene Zielverwirklichungsroutine.

FAZIT

Meine neue Tagesroutine

Selbst am Steuer:
Ein einzelner Moment kann dein Leben verändern. Das ist der wiederkehrende entscheidende Moment in deinem Alltag, in dem du auf Autopilot unbewusst etwas aus Gewohnheit tust, was du eigentlich gar nicht machen willst. Lass dich in einem solchen Moment von deinem superstarken Stopp-Signal daran erinnern, selbst zu denken und zu handeln, anstatt aus Gewohnheit etwas zu machen, womit du dir und deinem Ziel im Weg stehst. Finde heraus, in welchen Momenten du dein Leben ändern kannst. Experimentiere mit verschiedenen superstarken Stopp-Signalen, denke an das Holiday-Prinzip und an die zwölf Holiday-Strategien und wende deine Lieblingsstrategien regelmäßig konsequent an, um mehr Ziele leichter zu erreichen.

Im nächsten Kapitel, *Nach Sonnenuntergang,* erkundest du den Abschluss des Tages und wie deine abendliche Routine aussieht, bevor du ins Bett gehst und einschläfst. Du erfährst, wie du die letzten Minuten des Tages bereits zum Anfang eines erfolgreichen nächsten Tages machen kannst. Dazu lernst du die Kraft des Unbewussten kennen und entdeckst einen Weg, auf dem du diese Kraft wirksam nutzt, um dir über Nacht das Leben und deine Zielverwirklichung leichter zu machen.

14. Nach Sonnenuntergang

Die letzten Minuten am Tag können bereits der Anfang eines erfolgreichen nächsten Tages sein.

Überlege einmal, wie du dich nach einem langen, erlebnisreichen Urlaubstag fühlst und wie du ihn beendest. Vielleicht setzt du dich allein oder mit deinem Partner auf die Veranda und lässt den Tag noch einmal Revue passieren. Was war toll? Was war weniger toll? Du schreibst dir vielleicht sogar einige Stichworte in dein Reisetagebuch oder postest Fotos auf Instagram. Du freust dich schon auf den nächsten Tag. Du beschäftigst dich mit dem, was du morgen machen willst. Du planst bereits, was du morgen alles in deinen Rucksack packen wirst, und lernst dabei aus deinen Erfahrungen der letzten Tage. Und du bist fest davon überzeugt, dass es wieder ein toller Urlaubstag wird. Dann schläfst du glücklich ein. Kurzum: Du nutzt die fünf Schlüsselfähigkeiten des Holiday-Prinzips, um deine Ziele im Urlaub zu verwirklichen.

Im Urlaub wendest du dieses Erfolgsprinzip automatisch an. Du gönnst dir in den letzten Minuten des Tages die Zeit für eine kleine Nachbetrachtung von heute und eine Vorausschau auf morgen – mit deinem Partner oder allein und vielleicht mit einem Lächeln auf den Lippen, weil du dich wohlfühlst. Mit deiner Abendroutine im Urlaub aktivierst du eine Kraftquelle, die für dich arbeitet, während du schläfst. Mehr darüber erfährst du am nächsten Info-Point.

Die Kraft des Unbewussten

Die Kraft des Unbewussten ist gewaltig. Den ganzen Tag über schicken deine Sinne jede Sekunde Millionen Einzeleindrücke an dein Gehirn. Müsstest du diese Informationen bewusst auswerten, wärst du überfordert. Nach nur 40 einzelnen Sinneseindrücken, die dein Gehirn erreichen, wird der unablässige Input in dein Unbewusstes umgeleitet. Das ist ein riesiger Speicher an Wissen und Erfahrung, aus dem sich deine Intuition, also dein Bauchgefühl speist. Hirnforscher gehen davon aus, dass uns nur rund 0,1 Prozent dessen, was das Gehirn gerade tut, bewusst wird. Den Rest, das heißt, mehr als 99 Prozent, verarbeitet das Gehirn unbewusst. Du kennst es wahrscheinlich, wenn du dir bei einer Entscheidung im Leben ganz sicher bist, ohne genau zu wissen oder konkret benennen zu können, warum. Dann sagt dir dein Bauchgefühl intuitiv, was das Richtige ist. Du kannst dein Gehirn unterschwellig auf deine Ziele und das, was du morgen dafür tun wirst, einstimmen, indem du vor dem Einschlafen intensiv daran denkst. Damit aktivierst du deinen gesamten unbewussten Wissens- und Erfahrungsschatz und lässt dein Gehirn über Nacht für dich und deine Ziele arbeiten. Am nächsten Morgen wachst du oftmals mit tollen Ideen und Erkenntnissen auf, die du dafür nutzen kannst, schneller voranzukommen und leichter mehr von dem zu erreichen, was du dir beruflich und privat vornimmst.

Check-in: Die Kraft des Unbewussten

Im Urlaub genießt du die letzten Minuten, bevor du einschläfst, und denkst gerne über den erlebnisreichen Tag nach. Wie ist das in deinem Alltag? Wie sieht dann deine Abendroutine aus? Wenn es dir so geht wie vielen Menschen, dann beendest du deinen Tag oft genauso, wie du ihn begonnen hast: Der letzte Griff geht zum Smartphone, um noch einmal kurz alle Kanäle zu checken. Das fühlt sich zwar unmittelbar belohnend für dich an, da dein Gehirn dabei Dopamin ausschüttet. Du beendest deinen Tag dadurch allerdings mit Stresssignalen an dein Gehirn, anstatt mit dem angenehmen Gedanken und dem Gefühl, heute etwas geschafft zu haben, für morgen vorbereitet zu sein und so einen runden Tagesabschluss zu finden.

Die letzten Minuten am Tag können bereits der Anfang eines erfolgreichen nächsten Tages sein. Wenn der Rechner ausgeschaltet ist und die Kinder im Bett sind, wenn es draußen dunkel ist und langsam Ruhe einkehrt, beginnen die vielleicht produktivsten Minuten des gesamten Tages. Bevor du einschläfst, kannst du das heutige Stück deines Wegs noch einmal in deiner Vorstellung ablaufen lassen und schauen, was du alles gemacht hast, was dir dabei leichtgefallen ist, was gut war und was weniger gut war. Und dann kannst du den morgigen Teil deines Wegs schon einmal in Gedanken begehen und planen, was du anders machen wirst als heute. So wie im Urlaub. Damit bereitest du dein Gehirn auf das vor, was morgen kommt. Während sich deine Gehirnwellen langsam beruhigen und du einschläfst, fängt die Kraftquelle des Unbewussten an, für dich zu arbeiten.

Deshalb lohnt es sich, deine Alltagsroutine am Abend durch eine abendliche Urlaubsroutine zu ersetzen. Wie du dabei am besten vorgehst, erfährst du jetzt.

Die 5-Minuten-Abendroutine

Überlege einmal, wie deine übliche Abendroutine aussieht, und beantworte dir eine Frage: »Wie verbringe ich die letzten fünf Minuten vor dem Einschlafen?« Schreibe dir einige Stichworte dazu auf. Jetzt erinnere dich wieder an deinen letzten schönen Urlaub. Schließe die Augen und atme ruhig und tief ein und aus. Ersetze deine Alltagsabendroutine durch deine Urlaubsabendroutine und nutze die Kraftquelle des Unbewussten. Mach's dir leichter, lass deinen gesamten unbewussten Wissens- und Erfahrungsschatz über Nacht für dich arbeiten und erreiche dadurch deine Ziele während des Tages mit weniger Anstrengung. Beantworte dir abends, bevor du einschläfst, einfach die folgenden fünf Erfolgsfragen:

1. *Was ist mein Ziel und was habe ich mir heute vorgenommen, dafür zu tun?*
2. *Was habe ich heute tatsächlich für mein Ziel getan und wie zufrieden bin ich damit?*
3. *Was hat gut funktioniert, welche kleineren oder größeren Erfolgserlebnisse habe ich?*
4. *Was hat weniger gut funktioniert und welche Erklärung habe ich dafür?*
5. *Was mache ich morgen (anders), um das, was ich mir für mein Ziel vorgenommen habe, noch leichter umzusetzen?*

Begrenze die Zeit für deine neue Abendroutine wirklich auf fünf Minuten. Schreibe dir einige Stichworte zu deinen Antworten in dein Notizbuch oder deine Smartphone-Notes. Schreiben strukturiert dein Denken. Gerade am Abend, nach einem stressigen Tag, hilft dir das, um gedanklich nicht abzuschweifen.

Schreibe dir einige Stichworte auf zu deinem Ziel und dem Weg, den du heute gegangen bist.

Wenn es dir so geht wie den meisten Menschen, dann fällt es dir abends, nach einem stressigen Montag, einem vollgepackten Donnerstag oder einem hektischen Freitag, gar nicht so leicht, dich auf eine neue Abendroutine zu konzentrieren. Deine übliche Routine am Abend eines Arbeitstages sieht wahrscheinlich anders aus, als dir vor dem Einschlafen fünf ruhige Minuten einzuräumen, in denen du dir noch einmal eine Nachbetrachtung des Tages gönnst. Immer wenn du eine Gewohnheit ändern möchtest, das heißt ein altes Verhalten durch ein neues Verhalten ersetzen willst, strengt dich das an. Und angestrengt hast du dich heute ja schon genug. Da ist es verständlich, auf der Couch vor dem Fernseher einzuschlafen oder im Bett mit dem Smartphone in der Hand über Instagram einzudösen.

Am besten gestaltest du dir deine neue Abendroutine deshalb so vergnüglich wie möglich, damit du richtig Lust darauf hast, sie durchzuführen. Kauf dir ein wunderschönes Notizbuch, das du auf deinen Reisen zu deinen Zielen dabei hast und das dir zum wertvollen Begleiter wird, um auf Papier zu denken. Höre deine Lieblingsmusik, während du dir abends deine fünf Erfolgsfragen stellst. Besorge dir eine schöne Schlafzimmerbeleuchtung, die dich entspannt und beruhigt. Beziehe dein Bett mit einer tollen Bettwäsche, die du magst und die dich an Urlaub erinnert. Gestalte dir die Umgebung, in der deine neue Abendroutine stattfindet – das ist wahrscheinlich dein Schlafzimmer, da du fünf Minuten vor dem Einschlafen im Bett liegst –, so angenehm und unterstützend wie möglich.

Nutze dein Smartphone als Helfer. Lass dich im entscheidenden Moment am Abend von deinem vorprogrammierten superstarken Stopp-Signal daran erinnern, den Autopiloten auszuschalten (und den Flugmodus einzuschalten), um nicht automatisch deinem gewohnten Verhalten zu folgen und über dem fünften Nachrichtencheck an diesem Abend einzudösen.

Lass dich von deinem superstarken Stopp-Signal daran erinnern, selbst zu denken und zu handeln, anstatt aus Gewohnheit etwas zu machen, was du gar nicht willst.

Mit der neuen 5-Minuten-Abendroutine wird »Ziele verwirklichen« Teil deines Alltags. Du brauchst dafür wirklich nur fünf Minuten. Nicht mehr. Fünf Minuten und fünf Erfolgsfragen, die dein Leben verändern werden.

Außerdem kannst du 20 Minuten bevor du ins Bett gehst und dir deine neue Abendroutine gönnst, auf vier Dinge achten:

1. Schalte alle Bildschirme aus.
Das blaue Licht von Fernseher, Laptop, Tablet und Smartphone macht dich wach, weil es die Produktion des Schlafhormons Melatonin hemmt.

2. Bewege dich moderat,
vielleicht einige Minuten Stretching oder zehn Minuten spazieren gehen. Dadurch baust du Stresshormone ab und schläfst besser.

3. Rede mit deinem Partner,
mit Freunden oder der Familie oder spiele mit deinen Kindern. Die Zeit, die du mit Menschen verbringst, die du magst und wertschätzt, wirkt sich positiv auf dein Wohlbefinden aus.

4. Denke an drei Dinge,
für die du heute dankbar bist. Schreibe dir die drei Dinge auf und atme dabei tief ein und aus. Denke an schöne Kleinigkeiten, die am Tag gut gelaufen sind, und an Menschen, die dir ein Lächeln geschenkt haben. Dankbarkeit gibt dir ein Gefühl von Ruhe und stärkt deine Resilienz, weil es schwer ist, gleichzeitig dankbar und unglücklich zu sein.

Die 5-Minuten-Abendroutine ist so einfach und wirksam, dass sie ganz für sich allein genommen dein Leben leichter macht und die Zielverwirklichung beschleunigt. Probiere heute Abend gleich einmal aus, wie es sich anfühlt, in den letzten fünf Minuten am Tag die fünf Erfolgsfragen zu beantworten, und mach das dann einige Wochen lang regelmäßig.

Jetzt ist es aber erst mal Zeit für die Alpha-Welle. Gönne dir wieder eine Atempause auf deiner schönen Denkinsel. Eine Minute genügt, um dich wieder entspannt und frisch zu fühlen.

Schließe die Augen. Stell dir vor, du bist an deinem Lieblingsurlaubsort. Fühle, wie deine Fußsohlen fest auf dem Boden stehen. Atme ruhig und tief ein und aus. Lass deine Gedanken fliegen. Stelle dir vor, wie du die Zeit vor dem Zubettgehen und vor dem Einschlafen entspannt und sinnvoll für dich gestaltest.

FAZIT

Meine neue Abendroutine

Die Kraft des Unbewussten:
Führe regelmäßig deine 5-Minuten-Abendroutine durch, bevor du einschläfst. Atme ruhig und tief ein und aus. Denke an dein Ziel, daran, was du heute für dein Ziel gemacht hast und was gut funktioniert hat. Sammle die Erfolge des Tages, egal, wie klein oder groß sie sind. Überlege, was du morgen (anders) für dein Ziel tun wirst. Gestalte dir die Umgebung für deine Abendroutine übersichtlich und unterstützend und die Abendroutine selbst so vergnüglich wie möglich – damit du richtig Lust darauf hast, sie durchzuführen.

John Lennon, der britische Musiker und Mitgründer der legendären Band *The Beatles*, sagte einmal: *Life is what happens while you are busy making other plans.* Das Leben passiert, während du damit beschäftigt bist, andere Pläne zu schmieden. Wenn es bei dir genauso läuft wie bei den meisten Menschen, dann kommt es auch in deinem Alltag oft anders als gewollt und geplant. Ausnahmen sind häufig die Regel und manchmal wird aus dem Ausnahmezustand sogar der Normalzustand.

Im nächsten Kapitel, *Der Ausnahmezustand,* erfährst du, wie es dir gelingt, das Holiday-Prinzip und deine Strategien auch dann für deine Ziele zu nutzen, wenn mal wieder alles anders läuft als geplant. Selbstmitgefühl spielt dabei eine zentrale Rolle und deine Träume, für die es sich zu leben lohnt.

15. Der Ausnahmezustand

Krise kann ein produktiver Zustand sein.

Da bist du gerade an deinem Lieblingsurlaubsort angekommen, vielleicht auf einer der traumhaften Inseln von Vanuatu, und über Nacht meldet das Wetterbüro: Tropischer Wirbelsturm der Kategorie 5 zieht auf Vanuatu zu. Auch im Urlaub gibt es Ausnahmezustände. Die müssen nicht immer so dramatisch sein wie ein Wirbelsturm im Tropenparadies. Selbst auf der Städtereise nach Lissabon oder im Familienurlaub im Bayerischen Wald kann etwas anders laufen als geplant. Was machst du dann? Im Urlaub machst du oft genau das Richtige: Du bewahrst Ruhe, beobachtest die Lage und machst es dir, so gut es eben möglich ist, trotzdem schön. Immerhin bist du im Urlaub.

Wie ist das im Alltag? Vielleicht hast du dich gerade auf dein Ziel eingestimmt, bist motiviert und konzentriert dabei, deine Aktivitäten vorausschauend zu planen, vertraust auf dich und darauf, dein Ziel zu erreichen – und dann passiert das Leben. Du streitest dich mit deinem Partner über die Familienplanung, dein Arbeitgeber meldet Kurzarbeit an oder du liegst mit 40 Grad Fieber im Bett. So mancher gute Vorsatz geht unter, wenn im Alltag die Stresswogen anrollen. Dann gewinnen oft die alten Muster »Fernbedienung auf der Couch« und »Schokoriegel in der Mittagspause« die Oberhand, selbst wenn du noch so sehr »Fachbuch nach Feierabend« und »Banane in der Pause« geplant hast. Der Grund dafür ist psychologisch gut erforscht: Geht es dir schlecht, gelingt es dir nur noch schwer, dein Verhalten bewusst zu steuern. Mehr dazu am nächsten Info-Point.

Selbstkontrolle

Selbstkontrolle ist die bewusste Verhaltenssteuerung, mit der es dir gelingt, ein gewohntes, spontanes Verhalten zu unterdrücken, um zielorientiert zu handeln. Alles, was dich körperlich oder psychisch belastet, schwächt deine Selbstkontrolle – eine Grippe genauso wie die Sorgen um den Arbeitsplatz oder ein Streit mit dem Partner. Das Alarmsystem in deinem Gehirn reagiert darauf mit einem erhöhten Stresshormonspiegel und der führt zu Fehlern in der Selbstkontrolle.

Der Grund: Stresshormone versetzen das Gehirn in einen Zustand der Belohnungssuche. Um dich jetzt besser zu fühlen, greifst du auf die bewährten und schnellen Strategien der Stressbewältigung zurück, die das Belohnungssystem im Gehirn sofort aktivieren. Der Alltags-Autopilot springt an und du denkst nicht mehr bewusst darüber nach, was du tust. Dann isst du automatisch wieder mehr Schokolade und siehst mehr fern, als du eigentlich willst. Du lernst weniger, als du solltest, oder gibst wieder mehr Geld aus, als vernünftig ist. Kurzfristig fühlst du dich damit besser, langfristig bleiben deine Ziele auf der Strecke. In besonders stressigen Lebensphasen versucht dich dein Gefühl mit allen Mitteln auf den energiesparenden Pfad deiner alten Gewohnheiten zurückzubringen. Und dein Verstand bemüht sich, dein Verhalten für vernünftig zu erklären. Dir fallen Ausreden ein, wie zum Beispiel: »Ach, was soll's, ist jetzt auch schon egal« oder »Mir war das Ziel sowieso nicht so wichtig«. Es gibt einen wirksamen Weg, deine Ziele trotzdem zu erreichen: Akzeptiere, dass dir Fehler in der Selbstkontrolle passieren.

Shit happens

Fehler in der Selbstkontrolle passieren allen Menschen. Immer wieder. In Ausnahme- und Krisenzeiten genauso wie im Alltag. Niemand kann sein Verhalten ununterbrochen bewusst steuern. Für deine Ziele ist das nicht schlimm. Wenn du *ein* Mal – unbewusst – »schwach wirst« und zum Beispiel in deinem Lieblingscafé den Keks isst, der zum Cappuccino serviert wird, obwohl du dich zuckerfrei ernähren willst, oder wenn du mit 40 Grad Fieber im Bett liegst und *ein* Mal die eiskalte Coca-Cola trinkst und Salzstangen isst, dann ist dein Ziel nicht in Gefahr. Du kannst dich sogar darüber freuen, wenn es dir hinterher auffällt, dass du unbewusst einer alten Gewohnheit gefolgt bist, die nicht zu dem Ziel passt, das du verwirklichen willst. *Shit happens*, bei jedem, überall und immer wieder. Wie du mit Fehlern in der Selbstkontrolle umgehst, damit sie dir und deinem Ziel nicht gefährlich werden, das erfährst du jetzt.

Für dich und dein Ziel ist es nicht schlimm, wenn du *ein* Mal (unbewusst) etwas tust, das nicht zu deinem Ziel passt. Dein Ziel ist nur dann in Gefahr, wenn aus »ein Mal« »zweimal, dreimal« oder womöglich »immer« wird. Erkennst du, dass du unbewusst etwas gemacht hast, was nicht zu deinem Ziel passt, kannst du es beim nächsten Mal wieder anders machen. Der erste Schritt dazu ist: Akzeptiere, dass dir – wie jedem anderen Menschen auch – Fehler in der Selbstkontrolle unterlaufen. Verurteile dich nicht dafür. Schaue aber auch nicht einfach weg. Beides führt dazu, dass du anfängst, dein Verhalten zu rechtfertigen: »Ich hatte einen stressigen Tag, die Schokolade habe ich mir verdient.« »Der Streit mit meinem Partner war heftig, es ist okay, wenn ich mich mit Fernsehen ablenke.« Gratuliere dir lieber selbst dafür, dass es dir aufgefallen ist. Gehe freundlich mit dir selbst um und nutze die folgenden drei Tipps, um aus einem schwachen Moment gestärkt hervorzugehen. Dadurch verringert sich die Häufigkeit von Fehlern in der Selbstkontrolle von selbst:

1. Erkennen:

Fehler in der Selbstkontrolle passieren in unbewussten Momenten, wenn dich dein Autopilot durch den Alltag steuert. Das heißt, du kannst nur im Nachhinein erkennen, dass du etwas gemacht hast, was du eigentlich nicht machen wolltest, weil du dein Ziel damit gefährden würdest. Um dieser Selbsterkenntnis im Alltagshamsterrad eine Chance zu geben, ist es notwendig, deinen Autopiloten von Zeit zu Zeit auszuschalten. Dafür sind kleine Atempausen über den Tag verteilt hilfreich. Du kennst das schon. Gönne dir immer wieder eine kleine Auszeit auf deiner Denkinsel. Eine Minute zwischendurch genügt.

Schließe die Augen. Stell dir vor, du bist an deinem Lieblingsurlaubsort. Fühle, wie deine Fußsohlen fest auf dem Boden stehen. Atme ruhig und tief ein und aus. Überlege, was dein Ziel ist, was du dafür tust, aber auch, wann und wo du aus alter Gewohnheit etwas getan hast, das nicht zu deinem Ziel passt.

2. Akzeptieren:

Zu akzeptieren, dass dir, wie jedem Menschen, nicht alles gelingt, fällt dir leichter, wenn du die Denkübung mit einem freundlichen, motivierenden Gedanken dir selbst gegenüber abschließt. Erinnere dich an die wichtige psychologische Erkenntnis: Selbstmitgefühl schlägt Selbstvorwurf. Gehe freundlich mit dir selbst um. Akzeptierst du, dass auch dir Fehler unterlaufen oder Missgeschicke passieren, hast du die Chance, etwas zu verändern. Fällt dir in deiner Atempause auf, dass du irgendwann unbewusst einer alten Gewohnheit gefolgt bist, dann sage leise zu dir selbst: »Ach schau an, da war sie wieder, die alte Gewohnheit« oder »Mist, dass das passiert ist, aber *shit happens*«; anschließend kannst du überlegen, was genau passiert ist und was du machst, um dich beim nächsten Mal wieder anders, nämlich so zu verhalten, dass es zu deinem Ziel passt. Denke dazu auf Papier. Schreibe dir einige Stichworte auf.

Schreibe dir einige Stichworte dazu auf, wie du dich in welchen Situationen nicht im Sinne deines Ziels verhalten hast. Notiere auch, welche Auswirkungen dieses Verhalten hat und was du in einer ähnlichen Situation beim nächsten Mal vielleicht anders machen wirst.

3. Automatisieren:

Wiederhole das neue Verhalten, das dich an dein Ziel bringt, so oft wie möglich. Dadurch wird es für dich mit der Zeit so selbstverständlich wie deine alte Gewohnheit. Das hat zwei Vorteile. Erstens: Es fällt dir schneller auf, wenn du unbewusst mal wieder in alte Gewohnheiten fällst, und du erkennst zum Beispiel schon während deine Hand den Keks zum Mund führt, dass du das eigentlich gar nicht willst. Zweitens: Das ehemals neue Verhalten, das dir langsam zur neuen Gewohnheit wird, strengt dich immer weniger an, und du denkst bald gar nicht mehr darüber nach, »es« anders zu machen.

Besonders in Ausnahmesituationen zeigt sich, wie stark du ein zieldienliches Verhalten mithilfe deiner Holiday-Strategien bereits automatisiert hast. Je öfter und regelmäßiger du ein zieldienliches Verhalten im Alltag wiederholst, desto zuverlässiger läuft es ab und desto wahrscheinlicher ist es, dass du auch in Krisenzeiten nicht auf den Pfad deiner alten Gewohnheiten zurückgehst. Überlege einmal, wie das mit den Fähigkeiten ist, die du seit früher Kindheit wiederholt, geübt und damit automatisiert hast: laufen, sprechen und schreiben. Auch in Krisenzeiten kannst du laufen, sprechen und schreiben, weil das automatisch abläuft. Mehr zum Phänomen der Automatisierung jetzt am Info-Point.

Automatisierung

Der Psychologe Donald Olding Hebb hat bereits 1949 formuliert, dass das Gehirn synaptische Verbindungen zwischen den Nervenzellen aufbaut oder kappt, je nachdem, wie häufig sie benutzt werden. Von Hebb stammt das Zitat: *Cells that fire together, wire together*. Neurobiologen wie Gerald Hüther, Hirnforscher wie Gerhard Roth und viele andere sprechen heute von der »Plastizität des Gehirns«. Je nachdem, wie oft du immer wieder etwas Bestimmtes denkst, empfindest und/oder tust, verschalten sich deine Nervenzellen im Gehirn. Über einen Zeitraum von einigen Monaten werden aus den ersten zarten Verbindungen neuronale Trampelpfade, dann Feldwege und schließlich Autobahnen, auf denen ein ehemals neues Verhalten ebenso schnell und anstrengungsfrei abläuft wie einst deine alte Gewohnheit. Neue Gewohnheiten entstehen also, indem du neue Verhaltens-, Denk- und Empfindungsweisen ausprobierst und das, was funktioniert, wiederholst und einübst. Und die gute Nachricht ist: Das klappt nicht nur in Kindertagen, sondern es funktioniert bis ins hohe Alter.

Wichtig dabei: Automatisierung funktioniert nicht über Nacht. Habe ein wenig Geduld. Freue dich über jeden noch so kleinen Erfolg. Es gibt wenig, was dich so motivieren kann wie dein eigener Erfolg auf dem Weg zu deinen Zielen. Während du versuchst, etwas für dein Ziel zu tun, vielleicht den Lernplan für deinen Master einzuhalten oder dich mehr zu bewegen, um dein Wohlfühlgewicht zu erreichen, kannst du dich immer wieder an dein »Warum?« erinnern.

Ich habe einen Traum

Warum willst du dich mehr bewegen, gesünder essen und dein Wohlfühlgewicht erreichen? Warum willst du deinen Lernplan einhalten und den Masterabschluss machen? Warum willst du nach Stellenanzeigen suchen, dich bewerben und einen neuen Job finden? Mach dir einmal bewusst, wie dein Bild von einem größeren Ziel dahinter aussieht. Das größere Bild ist deine Vorstellung davon, wie du dein Leben gestalten und leben willst, welche Gipfel du erreichen willst. Das ist eine große Frage und es lohnt sich, früh im Leben und immer wieder darüber nachzudenken.

Denke an deine Arbeit und die Karriere, an deine Familie, deine Freizeit und an die Dinge, die dir besonders wichtig sind. Willst du eine Familie gründen, siehst du dich mit vielen Kindern zusammen am Küchentisch sitzen, willst du ein Haus bauen, einen Doktortitel erreichen, einen Führungsposten realisieren, im Ausland leben und arbeiten, viel Geld verdienen oder Bücher schreiben? Wie passen alle deine Ziele im Leben zusammen, das heißt, wie lassen sie sich zu einem größeren Gesamtbild vereinen?

Überlege einmal, wie das bei deinem Urlaub ist. Dein größeres Ziel »Jahresurlaub« ordnet viele deiner beruflichen und privaten Aktivitäten im Jahr und alles, was du dafür planen und vorbereiten musst, diesem Ziel unter. Willst du im Sommerurlaub zum Beispiel eine dreiwöchige Trekkingtour durch Nordschweden umsetzen, hast du eine Vorstellung davon, was dafür zu planen und vorzubereiten ist. Von der Anreise nach Schweden über die Routenplanung der 200 Kilometer langen Reise im Land und der Ausrüstung bis hin zum Fitnesstraining vor diesem Urlaub, damit du auf der geplanten Wanderung auch nicht schlappmachst. Ganz andere Vorbereitungen sind aber vonnöten, wenn dein Jahresurlaub aus einem zweiwöchigen Badeurlaub auf den Balearen oder den Bahamas besteht oder eine sechsmonatige Auszeit in Neuseeland lockt. Selbst wenn die Organisation und die Vorbereitungen für deinen Jahresurlaub oder die Auszeit anstrengend sind, selbst wenn du viel Geld für die Reise sparen musst und auf Freizeit verzichten musst, bis es so weit ist – du weißt immer, wofür du es tust, und das ist es dir wert.

Genauso ist das bei deinen größeren Zielen. Damit dein Bild von einem größeren Ziel Wirklichkeit werden kann, werden alle kleinen Zielaktivitäten und alle Zwischenziele, alle notwendigen Anstrengungen und Entbehrungen in einen Gesamtzusammenhang eingeordnet – in ein großes Ganzes. Rufst du dir dein größeres Zielbild vor Augen, kannst du prüfen, inwieweit deine kleineren Ziele und das, was du dafür tust, in das große Bild passen. Denke zum Beispiel an das größere Zielbild, eine Familie gründen zu wollen, das mit einer kleinen Lerneinheit für einen Masterabschluss beginnt. Du nimmst dir heute vor, zwei Stunden für deinen Master zu lernen, um die Masterprüfung zu bestehen, mit der du deine Chancen auf eine Führungsposition erhöhen willst, weil du mehr Verantwortung im Job übernehmen und damit mehr Geld verdienen willst, um finanziell unabhängiger zu sein, dir eine größere Wohnung mit deinem Partner anmieten zu können, um wiederum mehr Platz für ein Kind zu haben. Das größere Zielbild lässt sich immer auf starke Grundmotive zurückführen, zum Beispiel auf das Beziehungsmotiv »Familie«. Frage dich auf deiner Reise zum Ziel deshalb regelmäßig: »Warum will ich meine Ziele erreichen?«

Das ist besonders dann hilfreich, wenn dir unterwegs, ob im Alltag oder im Ausnahmezustand, die Motivationspuste auszugehen droht.

Ebenso hilfreich ist es, eine Zukunftslandkarte aufzuzeichnen. Sie gibt dir Orientierung über einen größeren Zeitraum. Du bekommst damit ein Gefühl für die Zeit und die Dinge, die du machen kannst, um deine Träume zu verwirklichen. Besonders in Krisen und Ausnahmesituationen hilft dir deine Landkarte dabei, dich an deinen Weg und an das zu erinnern, was dir besonders wichtig ist. Alles, was du brauchst, um dir deine eigene Zukunftslandkarte zu skizzieren, ist ein Stück Papier und ein Stift. Natürlich kannst du auch dein Notizbuch, das Tablet und eine Mindmap-Software oder ein Flipchart und dazu viele verschiedene Farbstifte verwenden. Male dir einen Zeitstrahl aufs Papier und zeichne deine Antworten auf die folgenden sieben Fragen darauf ein.

1. *Wann bin ich geboren?*
2. *Wo stehe ich heute?*
3. *Was waren meine Gipfelerlebnisse bis heute? Zum Beispiel das Abi, der Ausbildungs- oder Studienabschluss, mein erster Job, die Hochzeit, die Geburt der Kinder, eine große Reise, eine besondere Auszeichnung etc.*
4. *Was mache ich aktuell privat und beruflich?*
5. *Wo sehe ich mich in zehn Jahren (das sind 520 Wochen)?*
6. *Was will ich in meinem Leben erreichen?*
7. *Was ist mir persönlich wichtig?*

Beachte dabei, inwieweit deine kurz-, mittel- und langfristigen Ziele und deine privaten und beruflichen Ziele zusammenpassen. Prüfe, wie gut deine Ziele aufeinander aufbauen und inwieweit deine Ziele gleichzeitig oder nur nacheinander umsetzbar sind. Nutze dafür die folgende Übersicht.

Ziele abstimmen	**Berufliche Ziele**	**Private Ziele**
Kurzfristige Ziele 1–3 Jahre		
Mittelfristige Ziele 3–5 Jahre		
Langfristige Ziele 5–10 Jahre		

↕ Längsabstimmung ⟷ Querabstimmung

Der Wunsch nach Kindern und Karriere ist zum Beispiel, je nach persönlichen Voraussetzungen, häufig nicht gleichzeitig, sondern nur Schritt für Schritt über viele Zwischenziele umsetzbar. Und das mittelfristige Ziel einer Führungslaufbahn baut beispielsweise gut auf dem kurzfristigen Ziel des Masterabschlusses auf.

Auch wenn wir die Zukunft nicht vorhersagen können, so können wir unsere eigene Zukunft gestalten. Deine Zukunftslandkarte hilft dir dabei. Du erkennst darauf, woher du kommst, wo du heute stehst und welchen Weg du einschlagen kannst, um das Leben zu leben, das in dir steckt. Stelle dir regelmäßig die folgende Frage: Auf welche erreichten Gipfelziele will ich in zehn Jahren zurückschauen?

Mache es dir zur Gewohnheit, regelmäßig auf deine Landkarte zu schauen. Motiviere und orientiere dich damit genauso, wie du das mithilfe einer Wanderkarte auf einer Trekkingtour durch die Alpen machen würdest. Nutze dafür auch alle Erinnerungshilfen für deine Ziele und dein Notizbuch, das du immer bei dir tragen kannst.

Zeichne dir eine Zukunftslandkarte in dein Notizbuch und schreibe dir einige Stichworte dazu auf. Überlege dir regelmäßig, worauf du zurückblicken willst, wenn du dir in zehn Jahren die Frage stellst: »Welches waren die wichtigsten und schönsten (Gipfel-)Erlebnisse in den vergangenen zehn Jahren?«

Lass dich von dem folgenden Beispiel einer Zukunftslandkarte inspirieren und skizziere gleich einmal deine eigene Landkarte. Viel Spaß dabei, dein Leben zu gestalten.

Meine Zukunftslandkarte
Was will ich in meinem Leben erreichen?
geboren am:
Schulabschluss
Ausbildung/ Studium
gap year/ work & travel/ soziales Jahr
erster Job erstes Geld
Heirat
erstes Kind
Hausbau
...
...
Was ist mir persönlich wichtig?
10 Jahre (= 520 Wochen)
Heute ist der:
Aktuelle Situation
Job:
Privat:
Gipfelziele: (10 Jahre)

Alle Ziele liegen in der Zukunft – genauso wie dein nächster Urlaub. Um ein Ziel zu verwirklichen, musst du sowohl aktiv etwas tun als auch warten können. Das gelingt dir mit den zwölf Holiday-Strategien leichter:

1 Freue dich auf dein Ziel wie auf deinen Urlaub

Je mehr Lust du auf ein Ziel hast, desto stärker ist deine Motivation dafür und desto leichter fällt es dir, etwas für dein Ziel zu tun.

- Setze dir eigene Ziele, auf die du dich freust.
- Mache dir klar, warum du das Ziel erreichen willst.
- Finde ein starkes Bild als Symbol für dein Ziel.

1. Schau dir schöne Fotos an.
Verankere dein Ziel genauso fest in deiner Vorstellung wie dein Urlaubsziel. Finde ein starkes Bild und ein positives Gefühl für dein Ziel, damit die Freude darauf erhalten bleibt.

2. Gönne dir ab und an eine Belohnung.
Belohne dich unterwegs zu deinen Zielen, so wie du dich im Urlaub belohnst. Gönne dir immer wieder etwas Schönes, auf das du dich freust, damit du motiviert bleibst.

3. Mach das, was dir Spaß macht.
Finde Wege, wie du das, was du für dein Ziel machst, mehr genießen kannst. Gestalte dir alle deine Zielaktivitäten abwechslungsreich, interessant, attraktiv und vergnüglich, um dich jedes Mal darauf zu freuen, etwas für dein Ziel zu tun.

2 Konzentriere dich auf dein Ziel wie auf deinen Urlaub

Du nimmst nur das bewusst wahr, was im Fokus deiner Aufmerksamkeit liegt, und nur das kannst du umsetzen.

- Konzentriere dich nur auf *ein* Ziel.
- Sammle bewusst zieldienliche Informationen.
- Schau dir jeden Tag an, was du für dein Ziel getan hast.

4. Reise mit leichtem Gepäck.
Gestalte deine Umgebung, in der du etwas für dein Ziel tust, genauso übersichtlich und ablenkungsfrei wie deinen Urlaub, damit du dich leichter auf das konzentrieren kannst, was du für dein Ziel umsetzen willst.

5. Sag freundlich Nein.
Trau dich, Nein zu sagen. Du hast, wie jeder Mensch, ein Recht darauf, zu etwas oder zu anderen Nein zu sagen, um dich besser auf das zu konzentrieren, was du für dein Ziel tust. Übe das Neinsagen, indem du dir zum Beispiel vornimmst, dreimal täglich wirklich Nein zu sagen.

Manchmal sind es gerade die Ausnahmezustände oder Krisen im Leben, die die Kraft haben, den Alltags-Autopiloten zu stoppen, die Alltagsroutine, ja deine Lebensroutine zu unterbrechen und eine nachhaltige Veränderung in deinem Verhalten zu bewirken. Max Frisch, der schweizerische Schriftsteller, sagte: *Krise ist ein produktiver Zustand. Man muss ihr nur den Beigeschmack der Katastrophe nehmen.*

Wenn du zum Beispiel im total verregneten Badeurlaub in Spanien nach dem ersten Ärger deine Pläne umwirfst, die Museen in Barcelona erkundest und deine Liebe für die Kunst neu entdeckst, oder wenn du nach der ersten Betroffenheit über einen Arbeitsplatzverlust die Blickrichtung wechselst und denkst: »Wer weiß, wozu das gut ist«, und dann beruflich endlich durchstartest und damit anfängst das zu tun, was du schon immer tun wolltest, dann hast du aus einer Krise etwas Produktives gemacht.

Ein Ausnahmezustand kann ein superstarker Reiz sein, um den Alltags-Autopiloten zu stoppen. Im Ausnahmezustand, genauso wie im Urlaub, hört der gewohnte Alltag auf zu existieren. Das Gehirn strengt sich notwendigerweise mehr an, um mit den Veränderungen, Herausforderungen und möglichen Gefahren umzugehen. Plötzlich werden Dinge möglich, die für dich zuvor undenkbar waren. Auf einmal änderst du deine Blickrichtung und dein Verhalten, bemerkst, dass es funktioniert und dass es dir damit vielleicht sogar besser geht als zuvor.

Hast du in deinem Leben vielleicht schon eine ähnliche Erfahrung gemacht? Überlege einmal, wann und wo du durch eine Krise oder einen Ausnahmezustand plötzlich etwas ganz anders gemacht hast als sonst, dadurch ein langersehntes Ziel verwirklichen konntest und dein Leben eine positive Wendung nahm. Gönne dir dazu wieder eine Atempause auf deiner schönen Denkinsel.

Schließe die Augen. Stell dir vor, du bist an deinem Lieblingsurlaubsort. Fühle, wie deine Fußsohlen fest auf dem Boden stehen. Atme ruhig und tief ein und aus. Lass deine Gedanken fliegen und erlaube ihnen, die Flugrichtung zu ändern.

Jon Kabat-Zinn, der US-amerikanische Molekularbiologe und Begründer der achtsamkeitsbasierten Stressreduktion, sagt: *Achtsam zu sein bedeutet, wach zu sein. Es bedeutet, zu wissen, was wir tun.* Die vielleicht wichtigste Erkenntnis auf deiner Willenskraftreise ist, dass es dir dient, die Dinge bewusst zu tun, bewusst mit deiner wertvollen Willenskraft umzugehen – dann ist dir eine leichtere und erfolgreiche Zielverwirklichung gewiss.

FAZIT

Der Ausnahmezustand

Ich habe einen Traum:
Denke an dein größeres Zielbild, deine Vorstellung davon, wie du leben willst. Akzeptiere, wenn dir unterwegs Missgeschicke passieren oder etwas nicht so klappt, wie du dir das vorgestellt hast. *Shit happens.* Selbstkontrolle, das heißt die bewusste Verhaltenssteuerung, gelingt nicht immer. Besonders in Ausnahmesituationen passieren Fehler in der Selbstkontrolle – jedem von uns. Entscheidend ist, wie du damit umgehst. Erkennst du, dass du etwas machst, was nicht zu deinem Ziel passt, kannst du dir gratulieren. Denn dann hast du die Möglichkeit, es beim nächsten Mal anders zu machen. Wichtig ist zu akzeptieren, dass es passiert ist, und freundlich zu dir selbst zu bleiben. Atme ruhig und tief ein und aus. Denke an dein größeres Zielbild und daran, wofür du das alles machen willst. Habe ein wenig Geduld. Der Erfolg kommt nicht über Nacht. Je häufiger und regelmäßiger du ein neues, zieldienliches Verhalten wiederholst, desto automatischer läuft es ab und desto wahrscheinlicher ist es, dass du auch in Krisenzeiten nicht auf den Pfad deiner alten Gewohnheiten zurückkehrst. Freue dich über jeden kleinen Schritt in die richtige Richtung zu deinem Ziel – so wie du dich auf deinen nächsten Urlaub freust.

Das war's. Probiere das Holiday-Prinzip, die zwölf Holiday-Strategien und die vielen Umsetzungstipps am besten recht bald aus. Mach's dir damit leichter, deine Ziele zu verwirklichen, beruflich voranzukommen und dein Privatleben zu bereichern.

Auf den nächsten Seiten findest du noch einmal alle Holiday-Tipps im Überblick. Stelle dir damit dein eigenes Zieleverwirklichungs-Kit für alle Fälle zusammen.

Die Holiday-Tipps

Der Schlüssel dafür, mehr Ziele leichter erreichen zu können, beruflich schneller voranzukommen und dein Privatleben zu bereichern, ist der bewusste Umgang mit deiner Willenskraft.

Zum Glück ist Willenskraft weder angeboren noch unveränderbar. Jeder hat Willenskraft. Auch du kannst die fünf Fähigkeiten, aus der sich deine Willenskraft zusammensetzt, bewusst dafür nutzen, deine Ziele leichter zu verwirklichen. Hier kommt das Holiday-Prinzip ins Spiel.

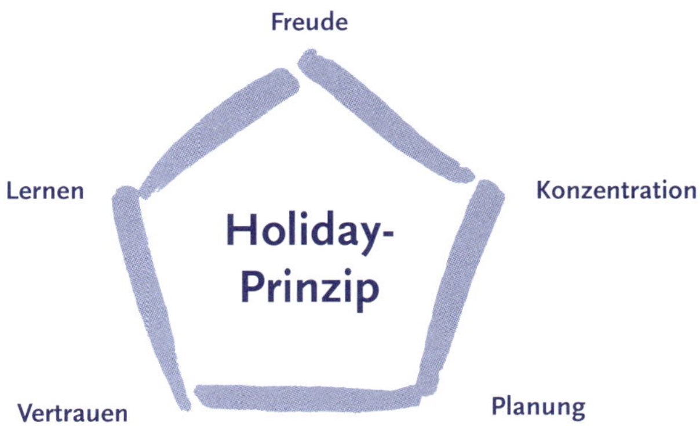

Das *Holiday-Prinzip* © Hans-Georg Willmann

Vielleicht ist es dir gar nicht so bewusst, doch wenn es um deinen Urlaub geht, dann nutzt du deine fünf Willenskraftfähigkeiten optimal, um trotz Alltagsstress die schönste Zeit des Jahres zu organisieren, vorzubereiten und zu realisieren.

1 Du freust dich auf deinen Urlaub.
weil dein Urlaub dir gehört. Dein Reiseziel ist deine eigene Idee. Du wählst das Ziel passend zu deinen Vorstellungen, Bedürfnissen und Möglichkeiten aus.

2 Du konzentrierst dich auf deinen Urlaub,
weil es dir Spaß macht, an den Urlaub zu denken, Fotos anzuschauen, etwas darüber zu lesen und dich darauf vorzubereiten.

3 Du planst für deinen Urlaub,
weil deine Urlaubszeit begrenzt und damit wertvoll für dich ist. Dein Urlaub soll die schönste Zeit des Jahres werden.

4 Du vertraust auf deinen Urlaub,
weil du selbst schon oft die Erfahrung gemacht hast, dass du deinen Urlaub erfolgreich verwirklichst. Du glaubst an dich und deinen Urlaub.

5 Du lernst von deinem Urlaub,
weil es dir wichtig ist, dass dein (nächster) Urlaub bestimmt der schönste Urlaub aller Zeiten wird.

Übertrage das Holiday-Prinzip auf deine Ziele bei der Arbeit, in der Familie und in der Freizeit. Mehr musst du gar nicht tun, um alle deine Ziele mit der gleichen Leichtigkeit zu erreichen, mit der du deinen Urlaub verwirklichst. Egal, welches Ziel du umsetzen willst, ziehe dir dafür immer deine Urlaubsbrille auf.

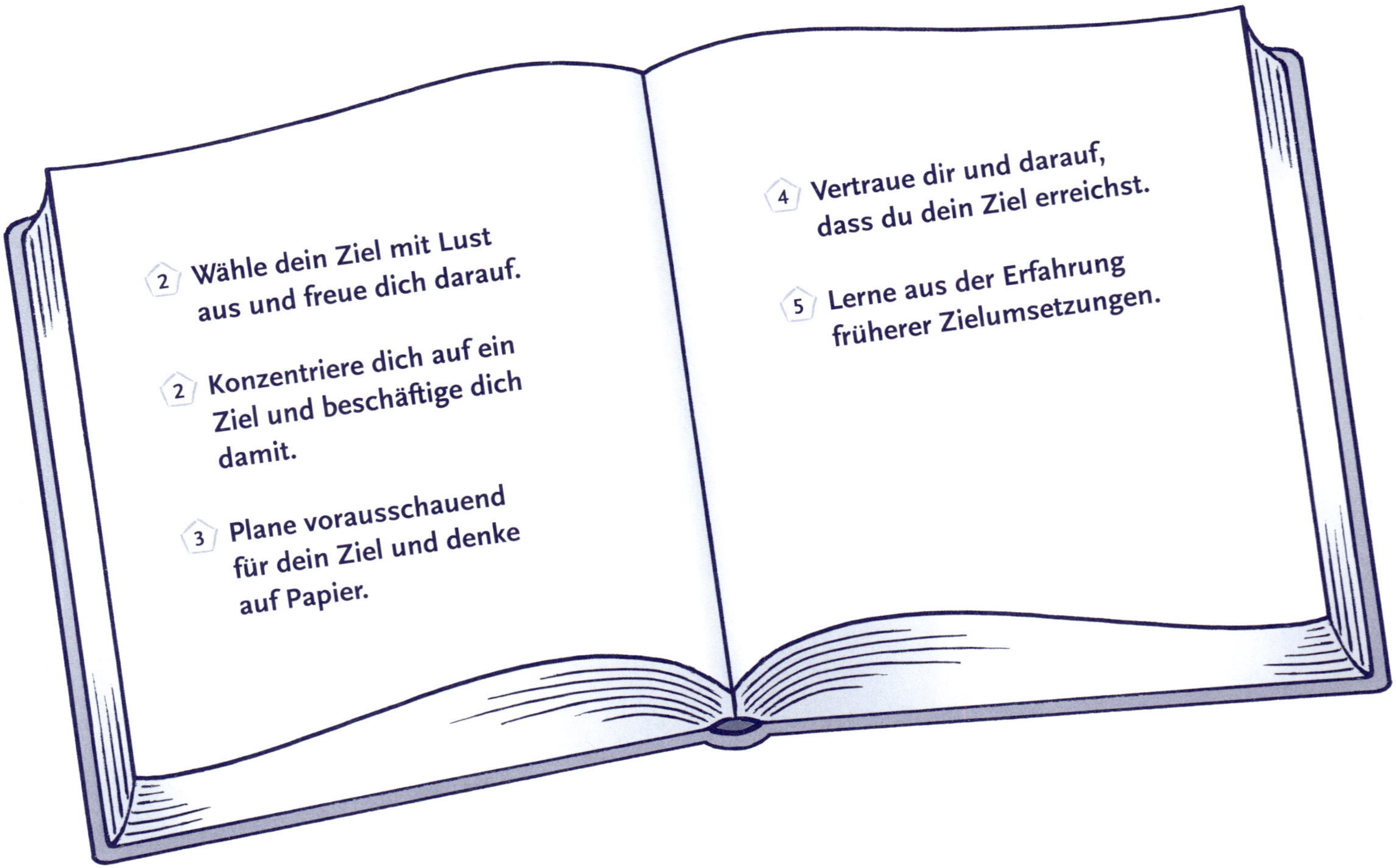

Im Folgenden findest du eine Zusammenfassung aller Strategien, Tipps und Techniken des Holiday-Prinzips, die dir dabei helfen. Lese und überdenke diese Tipps regelmäßig und wende sie konsequent an, so lange, bis sie für dich selbstverständlich geworden sind. Dann ist dir eine erfolgreiche Zielverwirklichung gewiss.

Autopilot:
Stoppe ab und an das Hamsterrad des Alltags, um deine wichtigen, nicht alltäglichen Ziele zu verwirklichen.

Schalte von Zeit zu Zeit deinen Autopiloten aus, der dich auf den Schienen deiner Gewohnheiten durch den Alltag und damit oft genug an deinen Zielen vorbeilenkt. Denke und handle selbst, statt aus Gewohnheit etwas zu machen, was du gar nicht willst.

Denkinsel:
Nutze regelmäßig deine Fähigkeit, dich selbst zu beobachten, indem du Abstand zum aktuellen Geschehen schaffst.

Geh auf die Insel

Gönne dir regelmäßig Atempausen im Alltag. Gewinne Abstand zu dir selbst, um über dich, deine Ziele und das, was du dafür tust, nachzudenken. Schließe die Augen. Stell dir vor, du bist an deinem Lieblingsurlaubsort. Fühle, wie deine Fußsohlen auf dem Boden stehen. Atme ruhig und tief ein und aus. Lass deine Gedanken fliegen.

Notizbuch:
Steigere die Wirksamkeit deiner Zielaktivitäten, indem du immer auf Papier denkst.

Denke auf Papier

Schreibe dir deine Ziele und Pläne, deine Gedanken und Ideen und das, was du für dein Ziel tust, auf. Schreiben strukturiert dein Denken. Das geschriebene Wort entwickelt mehr Kraft als nur der Gedanke

Literatur

Aurel, Marc: *Selbstbetrachtungen*. Kröners Taschenbuchverlag, Stuttgart, 13. Aufl. 2008.

Bucay, Jorge: *Komm, ich erzähl dir eine Geschichte*. Frankfurt a. M., Fischer TaschenBibliothek, 12. Aufl. 2013.

Covey, Stephen R.: *The Seven Habits of Highly Effective People*. Simon & Schuster, New York, 1989. (Dt. Ausgabe: *Die 7 Wege zur Effektivität*, GABAL, Offenbach, 51. Aufl. 2018.)

Damasio, Antonio R.: *Der Spinoza-Effekt. Wie Gefühle unser Leben bestimmen*. List Taschenbuch, Ullstein Buchverlage, Berlin, 9. Aufl. 2004.

Damasio, Antonio R.: *Descartes' Irrtum. Fühlen, Denken und das menschliche Gehirn*. List Taschenbuch, Ullstein Buchverlage, Berlin, 9. Aufl. 2004.

de Waal, Frans: *Der Affe in uns. Warum wir sind, wie wir sind*. dtv Verlagsgesellschaft, München, 6. Aufl. 2020.

Drucker, Peter: *Was ist Management: Das Beste aus 50 Jahren*. Econ Verlag, Berlin, 7. Aufl. 2002.

Gigerenzer, Gerd: *Bauchentscheidungen. Die Intelligenz des Unbewussten und die Macht der Intuition*. Goldmann Verlag, München, 6. Aufl. 2008.

Harris, Russ: *The Happiness Trap. Stop Struggling, Start Living*. Robinson Publishing, London, 2008. (Dt. Ausgabe: *Wer dem Glück hinterherrennt, läuft daran vorbei: Ein Umdenkbuch*. Goldmann, München, 2013.)

Hüther, Gerald: *Die Macht der inneren Bilder: Wie Visionen das Gehirn, den Menschen und die Welt verändern*. Vandenhoeck & Ruprecht, Göttingen, 8. Aufl. 2014.

Kabat-Zinn, Jon: *Im Alltag Ruhe finden: Meditationen für ein gelassenes Leben*. Audible Hörbuch, Argon Verlag, Berlin, 2015.

6. Mach Schluss, bevor Schluss ist.
Schreibe dir alles auf, was unerledigt ist, beruflich wie privat, also: was genau zu tun ist und wann du es erledigen wirst. Damit sind die unvollendeten Aufgaben fürs Erste »verarztet« und du kannst dich leichter auf dein aktuelles Ziel konzentrieren.

3 Plane für dein Ziel wie für deinen Urlaub

Es gibt nichts Praktischeres als einen guten Plan. Du bahnst dir damit heute schon den Weg, den du morgen gehen wirst.

- Plane heute, was du morgen für dein Ziel machst.
- Überlege, was du sein lässt, um genug Zeit zu haben.
- Starte jeden Tag mit der wichtigsten Aufgabe für dein Ziel.

7. Packe den Koffer, bevor du verreist.
Plane im Alltag für deine Ziele, so wie du für deinen Urlaub planst. Plane heute, was du morgen für dein Ziel machen wirst. Hast du einmal angefangen zu planen, zieht dich der Anfang in die Aufgabe hinein und du bist motiviert weiterzumachen.

8. Mach dir die Zeit kostbar.
Begrenze die Zeit, die dir für deine Zielaktivitäten im Alltag zur Verfügung steht, damit sie so wertvoll für dich wird wie deine Urlaubszeit und du sie ebenso effizient nutzt. Als Faustformel kannst du ein Viertel nehmen: Plane dir immer 25 Prozent weniger Zeit für eine Aufgabe ein, als dir zur Verfügung steht.

9. Mach dir einen Plan B.
Plane für deine Ziele, wie du handelst, wenn etwas nicht so klappt, wie du es dir vorstellst. Gehe dabei genauso vor, wie du das für deinen Urlaub machst. Entwirf dir kleine Wenn-dann-Pläne, damit du auch in Ausnahme- und Krisenzeiten auf dem Weg zu deinem Ziel bleibst.

4 Vertraue auf dein Ziel wie auf deinen Urlaub

Mit dem Glauben an dich selbst und an deine Fähigkeiten kannst du Berge versetzen. Du glaubst an dich, wenn es dir gut geht.

- Mache dir bewusst, was dir gut gelingt.
- Sprich freundlich mit dir selbst.
- Triff dich mit Menschen, die an dich glauben.

10. Pass auf dich auf.
Achte im Alltag auf dich, so wie du im Urlaub auf dich achtest. Frage dich regelmäßig, wie es dir körperlich und seelisch geht. Denn dann kannst du dafür sorgen, dass es dir gut geht. Damit stärkst du dein Selbstvertrauen.

11. Lass es dir gut gehen.
Lass es dir im Alltag gut gehen, so wie du es dir im Urlaub gut gehen lässt. Denn geht es dir gut, fühlst du dich stark. Fühlst du dich stark, packst du deine Ziele mit mehr Selbstvertrauen an.

5 Lerne von deinem Ziel wie von deinem Urlaub

Wenn du weißt, was funktioniert, mach mehr davon. Wenn etwas nicht funktioniert, mach etwas anderes.

- Erzähle vertrauten Menschen von deinem Ziel.
- Tausche dich mit anderen über deren Ziele aus.
- Schreibe dir wichtige Gedanken und Impulse auf.

12. Schau, was funktioniert.
Beobachte im Alltag den Verlauf deiner Reise zum Ziel, so wie du im Urlaub auf das achtest, was du heute gemacht hast, um es morgen vielleicht besser zu machen. Schau, was gut funktioniert hat, und mach mehr davon. Schau, was weniger gut funktioniert hat. und mach morgen etwas anderes.

Jeder einzelne Tipp und jede einzelne Strategie ist für sich allein genommen schon so wirksam, dass sie deine Zielerreichung beschleunigt und dein Leben leichter machen. Entscheide dich heute dafür, die Strategien und Tipps des Holiday-Prinzips, die dir am besten gefallen, täglich anzuwenden. Mache das so lange, bis sich daraus eine neue Routine entwickelt: deine Urlaubsroutine für den Alltag.

Vor Sonnenaufgang:
Starte schon mit einem Urlaubsfeeling vor Sonnenaufgang in den Tag. Gönne dir beim Aufwachen den Ritt auf der Alpha-Welle – den Moment des entspannten Wachseins bei geschlossenen Augen. Entwickle eine 5-Minuten-Morgenroutine: Atme dreimal tief ein und aus. Denke an drei Dinge, für die du dankbar bist im Leben. Stelle dir dein starkes Zielbild vor und plane ein wenig, was du heute für dein Ziel tust. Überlege auch, womit du dich am Abend für das, was dir gut gelungen ist, selbst belohnst. So beginnst du deinen Tag entspannt und energievoll.

In Urlaubsstimmung:
Bewahre deine Urlaubsstimmung während des gesamten Tags, indem du darauf achtest, wann du wo bist und wie du dir deine Umgebung so gestaltest, dass es dir leichter fällt, etwas für dein Ziel zu tun. Denke daran: Verändere deine Umgebung, dann ändert sich dein Verhalten ganz automatisch.

Während des Tages:
Vergiss nicht, das Steuer ab und an selbst in die Hand zu nehmen, statt aus Gewohnheit etwas zu tun, was du gar nicht willst. Lass dich in den entscheidenden Momenten am Tag von deinem superstarken Stopp-Signal darauf aufmerksam machen, den Autopiloten auszuschalten. Änderst du dein Verhalten in einem entscheidenden wiederkehrenden Moment, änderst du dein Leben.

Nach Sonnenuntergang:
Schließe den Tag auch mit einem Urlaubsfeeling ab. Nutze dazu deine neue 5-Minuten-Abendroutine. Beantworte dir regelmäßig fünf einfache Fragen, bevor du einschläfst:

1. *Was ist mein Ziel?*
2. *Was habe ich heute dafür getan?*
3. *Was hat gut funktioniert?*
4. *Was hat weniger gut funktioniert?*
5. *Was mache ich morgen anders?*

Denke immer an deinen Urlaub. Hier hast du ein klares Ziel vor Augen. Du weißt, was du dafür tust, was funktioniert und was nicht. Und weil dir dein Urlaub so wichtig ist, setzt du alles dafür ein, um ihn zu verwirklichen. Bei deinen Zielen funktioniert das genauso.

Der Ausnahmezustand:
Erinnere dich in Ausnahmezeiten und Krisen daran, dass Selbstmitgefühl stärker ist als Selbstvorwürfe. Das ist besonders dann wichtig, wenn du unterwegs zu deinen Zielen einmal einen guten Vorsatz nicht einhältst. Denke daran: *Shit happens*. Sobald du das erkennst und akzeptierst, kannst du dein Verhalten beim nächsten Mal wieder ändern, um alle deine Ziele so leicht zu verwirklichen wie deinen Urlaub.

Ich wünsche dir viel Leichtigkeit, Spaß und Erfolg – und ein gutes Leben.

Denkst du an Ziele – denke an Urlaub!

Anhang

Martens, Jens Uwe & Kuhl, Julius: *Die Kunst der Selbstmotivierung. Neue Erkenntnisse der Motivationsforschung praktisch nutzen.* Kohlhammer Verlag, Stuttgart, 6. aktual. Aufl. 2019.

Mischel, Walter: *Der Marshmallow-Test: Willensstärke, Belohnungsaufschub und die Entwicklung der Persönlichkeit.* Siedler Verlag, München, 3. Aufl. 2015.

Roth, Gerhard: *Warum es so schwierig ist, sich und andere zu ändern. Persönlichkeit, Entscheidung und Verhalten.* Klett-Cotta, Stuttgart, völlig überarb., aktual. Aufl. 2020.

SPIEGEL COACHING 1/2020: *Ich fühl mich wohl.* Einzelheft-Magazin. Spiegel-Verlag Rudolf Augstein, Hamburg, 2020.

SPIEGEL WISSEN 4/2019: *Ich schaffe das.* Einzelheft-Magazin. Spiegel-Verlag Rudolf Augstein, Hamburg, 2019.

Storch, Maja, Cantieni, Benita, Hüther, Gerald & Tschacher, Wolfgang: *Embodiment. Die Wechselwirkung von Körper und Psyche verstehen und nutzen.* Hogrefe Verlag, Göttingen, 3. Aufl. 2017.

Tucholsky, Kurt: *Gesammelte Werke. 1907–1932. 10 Bände.* Rowohlt Verlag, Hamburg, 1997.

Willmann, Hans-Georg: *30 Minuten Willenskraft.* GABAL, Offenbach, 6. Aufl. 2019.

Willmann, Hans-Georg: *30 Minuten Selbstvertrauen.* GABAL, Offenbach, 3. Aufl. 2018.

Willmann, Hans-Georg: *Verblüffend einfach Ziele erreichen. Elf kleine Tricks mit großer Wirkung.* GABAL, Offenbach, 2. Aufl. 2017.

Willmann, Hans-Georg: *Erfolg durch Willenskraft. Wie Sie mehr von dem erreichen, was Sie sich vornehmen.* GABAL, Offenbach, 2015.

Stichwortverzeichnis

Über den Autor

Hans-Georg Willmann, Diplom-Psychologe, Coach und Autor, ist Experte für gelingende Karriere- und Lebenswege. Er berät Menschen weltweit und unterstützt sie dabei, Ziele zu erreichen. Seine Mission: Menschen weiterbringen. Willmann hat mehr als 30 Bücher geschrieben, die in mehrere Sprachen übersetzt wurden. Darunter *30 Minuten Willenskraft*, *Erfolg durch Willenskraft* und *30 Minuten Selbstvertrauen*. Der Freiburger lebt seit 2016 in Australien. Du erreichst ihn per Flugzeug, Schiff oder einfach per Mail unter willmann@willenskraft.de.

»Mit meinen Büchern und Coachings möchte ich Menschen helfen, ein gutes Leben zu leben.«